お客さま本位の
コンサルティングを実現する

# 「聞く技術」

櫻井弘 話し方研究所
櫻井 弘
三井住友海上プライマリー生命保険
三田村 宗治

近代セールス社

# ◇はじめに

金融機関に勤める私たちには、いま、お客さまの話を「聞く」ということが強く求められています。

大手銀行は、「まるごと話せる人がいる」「どんなことでも。何度でも。相談しやすい」「もっとあなたへ。ずっとあなたと」といったメッセージで、一人ひとりのお客さまにしっかりと向かい合い、お客さまとの対話を通じ、お客さまに寄り添い一緒に考える、お客さま本位の対応をしていきますという姿勢を伝えようとしています。

うがった見方をすると、このようなメッセージを通じて姿勢を示さなければならないほど、これまでがお客さま本位ではなく、売り手本位であったということなのかもしれません。

もちろん、こうした見方に対しては、「いや、これまでだって、お客さま本位を実践してきた」という反論の声が出ることでしょう。しかし残念ながら、独立行政法人国民生活センターは、平成29年12月に『保険商品の銀行窓販の全面解禁から10年を迎えて―新たに外貨建て保険のトラブルも―』を公表し、銀行窓口で消費者の希望に合っていない保険の勧誘や契約が行われていることへの注意喚起を行っています。

金融庁は、この国民生活センターの情報提供に先立ち、平成29年3月に『顧客本位の業務運営に関する原則』を確定し、7つの原則を公表しました。

この原則の公表を受けて、大半の金融機関は独自にお客さま本位の業務運営に関する取組方針を公表しました。お客さまに直接関わる取組方針の内容は、概ね次のようなものになります。

「お客さまの最善の利益を目指し、お客さまの資産状況や取引経験・金融知識および取引目的や意向・ニーズを正確に把握し、お客さまの最善の利益の実現に向けて、お客さまにふさわしい最適な商品・サービスを提供します」

そのうえで各行は、こうした取組方針を実現するため、表現の違いはありますが、お客さまに対してコンサルティングを行っていくことを表明しています。

**この各行が掲げるコンサルティングこそが、まさに、お客さま起点で、お客さまのことを把握すること、つまり、お客さまに向き合って話を「聞く」ということなのです。**

コンサルティングを実践するためには、お客さまの資産状況や取引経験・金融知識等について把握しなければなりません。加えて、お客さまにふさわしい商品・サービスを提案するためには、取引目的や意向・ニーズを把握していなければなりません。つまり、**お客さまの現状をよく把握したうえで、何のために金融機関にお金を預けるのか、その目的をしっかり確認しなければ、お客さまにふさわしい最適な商品・サービスは提供できない**ということです。

例えば、AさんとBさんという、共に70歳のお客さまがいらっしゃったとします。Aさんは資産家で、ご自身の生活資金が十二分にあり相続対策もしっかりできています。頭の体操も兼ねて資産運用をしてみたいというご意向があったとすれば、許容範囲の中でリスクの高い商品を提案することも可能でしょう。

一方のBさんは、定期収入は公的年金のみ。預けているご資金はご自身に何かあった時のための備えにしておきたいというご意向だとしたら、Bさんにリスクの高い商品や据置期間のある商品を提案することはできないでしょう。

　こうしたことは誰もが頭では理解していることです。しかし、現実はどうでしょう。新商品の取扱いが始まると、商品内容のいかんにかかわらず、ＡさんにもＢさんにも「新商品が出ました！」と言って声掛けし、販売をしている実態もあるようです。

　そもそも新商品という商品はありません。それは、新たに販売するようになった投資信託あるいは保険商品等であり、特定の仕組みやリスク等のある商品なのです。**「新商品が出ました！」と言って、お客さまのご意向に関わらず、ＡさんにもＢさんにも提案していくことは、業者起点で、売り手本位の姿勢であると言わざるを得ません。**

　金融機関では、お客さまの現状や意向・ニーズ等を把握するために、名称は様々ですが「お客さまカード兼お伺いシート」等の帳票類を活用してお客さまの話を伺うようにしています。しかしながら、**帳票やタブレット等のツールが整ってくるほどに、私たちとお客さまとの会話は少なくなってきている**ように感じます。

　担当者はお客さまに話を伺う代わりに帳票やタブレットの項目にチェックを求めま

す。これで必要事項を漏れなく伺うことはできるようになりましたが、本当の意味でのコミュニケーションである会話は減ってきているようです。

この本では、話し方・聞き方のプロフェッショナルである「櫻井弘話し方研究所」の力を借り、コンサルティングの実践に欠かせない、そしてお客さま本位の業務運営に欠かせない、お客さまの話を「聞く」スキルを学んでいきます。

お客さまの言葉は勝手に耳に入ってきますが、この本で学ぶ「聞く」は意図せず耳に入ってくる受動的な「聞く」ではなく、積極的・意識的にお客さまの話に耳を傾け、確認や質問をしながら能動的に「聞く」ことです。

私たちは、学校で「読み」「書き」を勉強してきました。社会人になってからは、商品説明など「話す」ことも練習してきたと思います。ですが、「聞く」ということについては、これまでなかなか学ぶ機会がなかったのではないでしょうか。

「聞く」ことを学ぶと言ってもピンとこないかもしれませんが、**「聞く」ことも一つのスキル**なのです。

お客さまが話しやすい環境を整え、聞く姿勢を正し、内容を正確に聞き、気づきを導き出すような質問をして聞くというように、**段階を踏んで能動的に「聞く」ことができるようになれば、コンサルティングは自ずとできるようになります。**

私たちがお客さまの現状とニーズを丁寧に聞くことによって、お客さまは心の奥底にある本当のニーズに気づき、それを明確に意識するようになるでしょう。

お客さまは、ご自身の本当のニーズを認識できれば、自らニーズを実現させるための行動を起こし始めます。

私たちはそのタイミングで、そのニーズを実現するために最適な商品・サービスを提案すればいいのです。お客さま起点の姿勢は、お客さまに喜ばれ、成約にも結びつけることができるはずです。

三井住友海上プライマリー生命保険　**三田村宗治**

２０１８年11月

お客さま本位の
コンサルティングを実現する
# 「聞く技術」

# 目次

## 2 お客さまに、こんなヒアリングをしていませんか？……32

Chapter 2

# ヒアリングの基本技術を身につける

Chapter
1

# お客さま本位のヒアリングができていますか?

# 1 コンサルティングは「聞く」ことから始まる

## コンサルティングとは何か？

私たちは日頃から、お客さまの資産状況や取引経験・金融知識および取引目的や意向・ニーズを正確に把握し、お客さまの最善の利益を目指して、お客さまにふさわしい最適な商品・サービスを提供することを目指しているはずです。多くの金融機関では、このことを**コンサルティング**という言葉で表現しています。

コンサルティングの意味を辞書で調べると、「専門的な事柄の相談に応じること」と書かれています。非常に便利な言葉ですが、いざ自分たちの立場でコンサルティングを実践しようとすると、何から始めてよいのかわからないという方も多いのではないでしょうか。

**私たちが身近でコンサルティングを体感できるのは、美容コンサルタントの仕事かもしれません。**

美容カウンセリングを受けるお客さまは、今よりも美しくなりたい、あるいは今の美しさを維持したいといったニーズを持って、コンサルタントのもとを訪れます。美しくなりたいというニーズはわかりやすいのですが、非常に漠然としたニーズでもあります。

美容コンサルタントは、最初にお客さまが望む美しさのイメージを聞き、確認・共有することから始めます。お客さまとイメージが共有できたら、お客さまの現状を前提にゴールを設定します。

お客さまのイメージする美しさというゴールを設定することができれば、次に肌質や肌年齢等の現状を確認します。このように**現状とゴールが明確になって初めて、何をすべきか提案することができるようになるのです。**

お客さまの肌チェックを行い、お客さまの肌具合に合った成分を選択し、肌に潤いと栄養を与える基礎化粧を施します。下地が整ったら、そこで初めて化粧を施すことでその年齢に応じた気品と美しさが演出されます。その仕上がりに納得がいけば、お客さまは化粧品を購入することになります。

## ◇お客さまとゴールのイメージを共有する

美容コンサルタントを訪れる方の「美しくありたい」「美しくあり続けたい」という願望は年齢を問いませんが、目指す「美しさ」の中身は同じではありません。20代には20代の美しさ、30代には30代の美しさ、40、50、60、70・80代と年齢を重ねるほどに、それぞれの年代に応じた美しさがあるからです。**美容コンサルタントはお客さま一人ひとりとゴールのイメージを共有し、そのお一人おひとりに応じた最高の美しさを演出するために全力を尽くします、これがまさにコンサルティングなのです。**

その手順は、一般的には次のようになります。

**①お客さまがイメージする美しさを確認し、望んでいるゴールを共有する**
**②肌チェック等を行い、肌質や肌年齢等の現状を確認する**
**③肌具合に合致した成分を選択する**

④基礎化粧を施し、下地を整える
⑤化粧を施して、共有したゴールに向けて仕上げる

では、これを金融機関における投資信託や保険商品等の販売にあてはめるとどうなるでしょう。私たちのお客さまも、年代に応じてニーズやリスク許容度等が異なりますので、お客さまの話を聞くことから始めます。

①お客さまの取引目的や意向・ニーズを的確に把握する
②お客さまの資産状況や取引経験・金融知識等の現状を把握する
③最善の利益の実現に向けて、お客さまにふさわしい最適な商品・サービスを選択する
④お客さまに商品・サービスの仕組みやリスク・手数料等の重要な情報および商品・サービスを推奨する理由を説明する
⑤説明に際しては、お客さまが理解できるよう、わかりやすく丁寧に説明する

お客さま一人ひとりとゴールのイメージを共有する

これが、投資信託や保険商品等の販売におけるコンサルティングの基本形です。

私たちが、お客さまに向き合い、コンサルティングを実践するためには、**お客さまの現状（資産状況や取引経験・金融知識等）と意向・ニーズをしっかりと把握し、ゴールのイメージを共有する必要があります。**そのためにも、私たちはお客さまの話を積極的かつ能動的に聞くことが重要になってくるのです。

# お客さまの本当のニーズが把握できていますか？

私たちがお客さまに向かい合い、コンサルティングを実践するためには、**お客さまの現状と意向・ニーズをしっかりと聞き、お客さまが目指すゴールのイメージを共有する必要があります**。お客さまとゴールの共有ができれば、ゴールに到達するための様々な提案ができるようになります。

例として、旅行会社の販売員の接客について考えてみましょう。

そのご夫婦には、ご主人の定年退職を機に、初めての海外旅行でイタリアに行ってみたいというご要望がありました。時間は十分にありますが予算は限られています。

販売員は、お客さまのご要望と予算を参考に、一番人気のコースを案内しました。

**販売員**：アンケートのご記入ありがとうございます、今回のご希望はイタリア行きということでよろしいですね。お客さまのように定年退職を迎えて初めての海外旅行に行かれる方々に一番人気のコースは、こちらの「豪華ヨーロッパ一周10

日間の旅」です。イタリアはもちろん、フランス、ドイツ、オランダ、スペインと誰もが一度は訪れてみたい名所、景勝地を満載した贅沢なパック旅行です。しかも宿泊は一流ホテルばかりで、これだけの内容でお客さまのご予算に収まるコースは他にはないかと思いますよ。

自信満々に提案した一番人気の豪華コースですが、ご夫婦はお互いに目を合わせて困ったご様子です。見兼ねた先輩社員が一緒に応対してくれました。

**先輩**　：お客さま、先ほどイタリアに行ってみたいとおっしゃっていましたが、もしよろしければその理由をお伺いしてもよろしいでしょうか？

**奥さま**：私は「ローマの休日」が本当に大好きで、もう何回観たかわからないくらいなのよ。

**先輩**　：「ローマの休日」ですか。

**奥さま**：オードリーがスペイン広場の階段でジェラートを食べるシーンが大好きで、私は絶対にスペイン広場の階段に座ってジェラートを食べてみたいのよ。あの階段に座って一日中でも人の行き来を眺めていたいくらいなの。

**先輩**：スペイン広場にいる奥さまの笑顔が目に浮かびますね。ご主人さまはどうですか？

**ご主人**：私は、家内が喜ぶところでいいですよ。ただ、建築の仕事をしていたので、パンテオンやコロッセオとかの建造物をじっくり観てみたいですね。

**先輩**：建築にご興味があるのですね。ところで、先ほどヨーロッパ一周というご案内をさせていただきましたが、フランスやドイツなどの国に関心はございませんか？

**奥さま**：フランスやドイツも魅力的なところなのでしょうが、ずっとローマのことしか考えてこなかったので、じっくりローマを観て回りたいのよね。

**先輩**：そうしますと、イタリア行きというよりはローマ行きがお二人の本当のご要望ということですね。

**ご主人**：確かに言われてみれば、私たちが行きたいのはイタリアというよりもローマということになるね。

**先輩**：ローマだけの滞在でしたら、ご予算の中で往復の移動をビジネスクラスに変更することも可能ですね。移動の疲れが出ませんからローマの滞在を満喫できると思いますよ。

**奥さま**：それは助かるわね。

**先輩**　：あるいは、ローマには古城をホテルにしているところもありますので、古城ホテルに宿泊のグレードを上げることも可能です。

**ご主人**：へえ、それはいいな。古城のホテルがあるのなら、ぜひとも泊まってみたいものだな。

**先輩**　：ただ、ビジネスクラスと古城ホテルを一緒にしますと、当初の予算を若干オーバーしてしまいますが…

**奥さま**：いいご提案なら、少しくらいオーバーしても構わないわよ。ね、あなた。

**ご主人**：そうだな。移動の疲れが出ないようにビジネスクラスで移動して、古城ホテルでローマを満喫するとするか。

担当者は、お客さまのイタリアに行きたいというニーズを確認し、売れ筋商品であるヨーロッパ一周旅行を提案しましたが、お客さまの反応は芳しいものではありませ

**お客さまの本当のニーズは…**

んでした。

それに対して先輩は、お客さまのイタリアに行ってみたいという漠然としたニーズに対して、なぜイタリアなのか理由を深堀りして聞いています。結果、「ローマの休日」に対する熱い想いや、ローマの建造物を観てみたいという想いを聞き出すことで、お客さまの本当のニーズがイタリア行きではなく、ローマ行きであることを確認し共有することができました。

お客さまのローマを満喫したいという本当のニーズを叶えるために、ふさわしい最適な提案はローマだけに滞在することです。さらに、ローマ旅行を満喫するためにビジネスクラスの利用や古城ホテルの宿泊という付加価値を併せて提案することもできました。お客さまにとっては、自分たちの本当のニーズに気づくことができたわけで、そのニーズを叶えられる提案は大歓迎です。予算オーバーながらも喜んで受け入れていただくことができました。

## ◇お客さま自身の本当のニーズに気づいていただく

このような流れを金融機関に置き換えてみるとどうでしょうか。

お客さまは、低金利に不満をもっており、少しでも金利が高いほうがいいとおっしゃいます。

それならば、と私たちは運用の話をしますが、お客さまは不満顔です。お客さまには、明確ではなくても「いずれはこうしたい」という漠然としたニーズがあるものです。**その漠然としたニーズを探る質問をすることで、お客さまご自身に本当のニーズに気づいていただくことが重要**と言えます。

お客さまの本当のニーズを聞き、確認・共有することができれば、それにふさわしい最適な商品・サービスは自ずと導き出され、お客さまは喜んで受け入れてくださるはずです。

## お客さまの「現在地」を、聞くことで明確にする

コンサルティングを行うための第一歩は、美容コンサルタントの例や旅行代理店の例でもおわかりのとおり、お客さまのニーズを聞くことです。お客さまが何を望んでいるのかというニーズを正しく聞き、確認・共有することで、初めて目指すべき方向性（ゴール）がわかります。

旅行代理店の例では、イタリアに行きたいという漠然としたニーズに対して、お客さまの話を深掘りして聞くことができました。そこでわかったお客さまの本当のニーズは、人気のヨーロッパ巡りやイタリアの各地を周遊したいというわけではなく、ローマに長期滞在してじっくりと満喫したいということでした。

コンサルティングを行うためには、目指す方向性と併せて、お客さまの現状を理解することも不可欠です。お客さまが何を望んでいるのか、目指す方向性（ゴール）がわかっても、現状（スタート）がどうなのかわからなければ解決策を見つけることはできません。どんなに便利なナビゲーションシステムでも、行先（ゴール）だけでは

道案内はできないのと一緒です。
現在地（スタート）が明確になって初めて、現時点から目的地までの最適なコースを導き出すことができるようになるのです。

## ◇ニーズを共有すれば提案内容は自ずと選定される

美容コンサルタントの例では、最初にお客さまが思う美しさのイメージを確認し、望んでいるゴールを共有しました。次にお客さまの現状を把握するために肌チェック等を行い、現在の肌質や肌年齢を確認しました。お客さまの現状（スタート）を把握することで初めて肌具合に合致した成分を選択することが可能になります。そこから基礎化粧を施して下地を整え、化粧を施して、共有したゴールに向けて仕上げることができるようになるのです。

私たちのコンサルティングでは、「聞く」ことにより、お客さまの本当のニーズと現状を正しく確認・把握することが不可欠です。お客さま自身もご自身のニーズや現状をいつも明確に意識しているわけではありませんので、お客さまから幅広く話を聞き出すことが何よりも重要です。

お客さまの話を聞くことに時間をかけるなんて非効率で無駄、むしろ商品説明に十分な時間をかけてしっかり理解いただくことが大切だと考える方もいらっしゃるかもしれません。しかし、お客さまのニーズに合致しない提案は、いくら時間をかけて、わかりやすく丁寧に説明しても、お客さまの共感を得ることはできませんし、成約にも至りません。

コンサルティングの強みは一度ニーズと現状を聞き、確認・共有することができれば、提案内容は自ずと選定されてくるということです。

共有したニーズを達成するための提案は、お客さまにとって有益な情報になります。たとえ今回はお客さまの事情により成約にならなかったとしても、共有したニーズを達成するためであれば、様々な提案を何度でも行うことが可能になってくるのです。

# 2 お客さまに、こんなヒアリングをしていませんか？

「聞く」ことにより、お客さまの本当のニーズと現状を正しく把握することが、コンサルティングには不可欠であることを前項で述べました。

「そんなことはわかっているし、言われなくてもお客さまの話はちゃんと聞いている」という方もきっと多いことでしょう。

しかし、**皆さんが行っているヒアリングは、本当にお客さまのニーズや現状をしっかり聞き出すものになっているでしょうか**。

ここでは、金融機関の営業で行われているヒアリングにありがちな問題点を、具体的な会話例を見ながら考えてみたいと思います。

以下の会話例に出てくる近田さんは、半年前に先輩の異動に伴い引き継いだお客さまでです。来月1000万円の定期預金が満期を迎えます。電話でご連絡をすると、早速、来店くださることになりました。

近田さんのCIF情報は次のとおりです。年齢は69歳、配偶者は既にお亡くなりで一人暮しをしているようです。当行のお預かりは、定期預金3000万円、普通預金200万円、投資信託200万円、外貨建て保険300万円です。

## ありがちなヒアリング①
## ヒアリングシートありきの“お金フォーカス”なヒアリング

**担当者**：近田さま、本日はご来店いただきましてありがとうございます。来月満期を迎えるご資金について、こちらのヒアリングシートでいくつかお伺いしてもよろしいでしょうか。

近田　：ええ、結構よ。
担当者：来月満期を迎えます定期預金はどのようなご資金でしょうか。何かご入用のあるご資金でしょうか？　それとも差し当たって使い道などご予定のないご資金なのでしょうか。
近田　：特に予定のないお金だから、そのまま置いといてもらおうかしら。
担当者：ありがとうございます。それでは、どれくらいの期間お預けいただくことが可能でしょうか。1年以内に入用のご資金でしょうか。
近田　：そんなに急な用事はないわね。
担当者：そうですか。1年以上お預けいただけるとしましたら、例えば5年以上置いておくこともできるご資金でしょうか。
近田　：そうね、さしあたって5年くらいは使う予定はないかしらね。
担当者：ありがとうございます。このご資金はどのような運用方法をお考えでしょうか。
近田　：どのようなって言われても、特に考えていないわ。定期預金でいいと思っているけど、金利は低いのでしょ。

**担当者**：はい、申し訳ございません。ご存知のとおり日銀の低金利政策が続いていますので、定期預金ではほとんど金利がつかない状況です。近田さまは、ご資金の運用についてお考えになったことはございませんか。当行には、ご資金の運用のためのプランはもちろん、公的年金を補完する定期受取りのような仕組み、あるいはご家族にご資金を遺して差し上げる仕組みもございますが、関心はございませんか。

**近田**：銀行もいろいろなことをやっているのね。まあ、殖えるに越したことはないわね。

**担当者**：そうですね。次に運用方法についてお伺いしますが、元本の安全性を重視した運用をお望みでしょうか。それとも多少リスクはあったとしてもご資金を殖やすことを目指した積極運用をお望みでしょうか。卵を一つの籠に入れるなという格言もありますように、ご資産を一つにまとめずに複数にバランスよく分散して運用する方法もございますが関心はございますか。

**ヒアリングシートだけに基づいたヒアリングは**
**〝お金フォーカス〟な目線になりがち**

どうでしょう。この担当者が行っているヒアリングを、皆さんはどう思いますか？

金融機関では、お客さまのご相談を受ける際の一般的な流れとして、まず初めにヒアリングシート等を活用してお客さまの属性やご意向・ニーズ等をお伺いします。

多くの金融機関のヒアリングシートは、資金の性格、運用期間、運用の目的、お客さまの資産の状況、投資経験、金融知識等をチェックすることで、資金についての意向・ニーズを確認する仕組みとなっています。そのうえで、それらの情報を基に、お客さまに〝ふさわしい〝商品・サービスは何なのかを考え、提案内容を検討するわけです。

そう考えると、この会話例の担当者は、お客様の定期預金の満期金について、ヒアリングシートにそって、資金の性格や運用期間、運用目的をヒアリングしており、あとはお客さまの資産の状況や投資経験、金融知識等をチェックすれば、とくに問題はないように思えます。

ただ、ここで皆さんに注意していただきたいのは、ヒアリングシートというのはそもそも、目の前にある資金についていろいろな確認するように構成されているものだということです。そのため、**ヒアリングシートだけに基づいたお客様の意向把握は、お客さまではなく、目の前の資金に向いた〝お金フォーカス〟な目線になってしまいます。**

お客さま本位のコンサルティングを実践するためには、ヒアリングシートによって目の前の資金についての意向把握をする前に、向かい合っているお客さまご自身に目を向け、そのニーズと現状を聞くことが必要です。

お客さまのニーズと現状を聞き、それを確認・共有することから始まる〝お客さまフォーカス〟なコンサルティングを心掛けましょう。

## 手続きや情報確認に気をとられ、そもそも相手の話を聞いていない

近田　：近頃は銀行に来ると、いろいろなことを聞かれるのね。
担当者：はい。当行ではお客さまのお話をいろいろとお伺いさせていただいたうえで、お客さまにふさわしい最適なご提案をさせていただくコンサルティングを行っております。
近田　：あら、そうなの。何にもわからないおばあちゃんだからよろしくお願いしますね。
担当者：はい、近田さまの担当としてしっかり頑張ります。
近田　：はい。よろしくね。それよりも前の担当の方はどうしたのかしら？
担当者：前任者は半年前に本社の管理部門に異動になりました。前任者とは親しくしていただいたのでしょうか？

**近田**：随分長くいらっしゃったし、時々家まで来てくださってとっても熱心でいい方だったわね。いろいろすすめられて、今持っている投資信託っていうのかしら…、300万円お預けしたんだけど、今おいくらくらいになっているかわかるかしら。

**担当者**：投資信託ですね、ちょっと確認してみますね。（パソコンを見ながら）えーっと、1年前に購入していただいておりますが、直近の価額ですと、大体200万円くらいになっております。

**近田**：そうなのでしょ。前の方には何年も担当していただいていたし…、本当にしっかりした方でずっと良くしていただいていたし…、よく勉強もしていらっしゃって…、それで大丈夫だって言うから信用してしまって…。

**担当者**：（パソコンでCIF情報を見ながら）ええ。

［〈心の中で〉外貨建て保険もお持ちなのね…］

**近田**：もうこんなことになるのだったらやらなければ良かったわね…。いろいろと難しいことをおっしゃっていたけど…、私みたいなおばあちゃんにはそもそもややこしいことはわからないじゃない…。1年前に300万円お預けして、今では200万円って、どうなっちゃっているのかしらね。

**担当者**：（相変わらずパソコンを見ながら）そうですね…。

［〈心の中で〉まいったな…、先輩、どう説明したのだろう？　私に言われてもしょうがないのだけどな…］

**近田**：まあ、あなたに言ってもしょうがないわね…。

**担当者**：いえいえ、お預けいただいている商品等のアフターフォローを含めて担当者の仕事ですから、何なりと。

［〈心の中で〉そういえば、商品パンフレットはどの引出しの中だったかな…。来月の満期資金で投信とか保険の提案をしようと思っていたのだけど、この様子じゃ厳しいか…。そもそもこの話、いつまで続くのかしら。次の約束もあるし、どうしようかしら？］

お客さまと会話をする時、言葉は交わしていても実はちゃんと聞いていないということも多いのではないでしょうか。マーケット環境によってはお預かりの商品価額が

「心ここにあらず」の聞き流しになっていないか

下がり、お客さまから不満の声を聞かされることがあります。事例もそうしたケースですが、この担当者のような聞き方ですと、お客さまの意向やニーズといった一人ひとりの声にしっかり耳を傾けることができなくなってしまいます。

担当者は、お客さまが話をされている間にパソコンでＣＩＦ情報を確認したり、後で使おうと思っている資料の場所を思い出したりしています。お客さまの話に返事はするものの、目線はパソコンに向き、受け答えも生返事でお客さまに関心が向いていません。

このような聞き方を儀礼的な聞き方、あるいは聞き流しと言います。お客さまからすると、担当者は自分に関心を持っていないと受け取りますし、熱意を感じず、親近感も湧かないに違いありません。

ありがちな ヒアリング③

## お客さまの表面的な言葉や、事前にわかっている情報にとらわれ、思い込みで話を聞く

担当者：来月満期を迎えます定期預金ですが、先ほどは特別な使い道はないとおっしゃっていましたが、最初にお預けいただいた経緯をお伺いしてもよろしいでしょうか。

近田　：今度の1000万円ね、そもそもって言われると何だったかしらね。

担当者：長い期間お預けいただいているのでしょうか？

近田　：そう、そう。このお金はちょうど13年前にお預けしたのだったわね。

**担当者**：13年前ですか…。どのようなご資金だったのかお伺いしてもよろしいでしょうか。

**近田**　：これは主人が亡くなった時の保険金よ、今年が13回忌だから間違いないわ。

**担当者**：さようでございますか、ご主人さまの保険金ですか…。13年前でしたらご主人さまは随分とお若くしてお亡くなりになられたのですね。

**近田**　：そう66歳だったわね。病気が見つかった時にはもう手遅れで、すぐに手術をしたのですけどあっという間だったわね。

**担当者**：それはお気の毒でした。

**近田**　：まあ痛いとか苦しいという状態が長く続かなくてよかったと思っているの。もう子供も独立していたし、生命保険も全部満了になっていると思っていたのだけれど、よく調べてみたら一つだけ死亡保険が残っていたの。それがこの1000万円ね。

**担当者**：ご主人さまが遺してくださった大切なご資金なのですね。

**近田**　：そうね。

**担当者**：ところで、近田さまは女性の平均寿命ってご存知ですか？　直近のデータでは、87・14歳で過去最高を更新しています。それに今は人生100年時代と言われておりまして、一般的に60歳以上の女性は90歳を越えて長生きをするようになっています。

**近田**：そうよね、皆さん長生きよね。

**担当者**：近田さまの場合も、今が69歳でいらっしゃいますから、90歳には21年、100歳には31年もございますね。

**近田**：何だか気が遠くなるわね。

**担当者**：長生きは非常にうれしいことなのですが、30年近くありますと、ご主人さまの遺族年金もあるかと思いますが、豊かなセカンドライフを送るためには毎月35万円くらい必要と言われています。近田さまの場合はお一人さまですので3分の2として毎月23万円くらいが必要かと思われます。公的年金の不足額が月に10万円として30年間で考えますと、10万円×12か月×30年の3600万円くらいが必要と考えられます。

**近田**：あら、言っていなかったかしらね。

**担当者**:えっと、何を、でしょうか?
**近田**:あら、前の担当の方にお伝えしたと思ったのにね。
**担当者**:どのようなことでしょうか?
**近田**:主人が亡くなって、7回忌も済んだ頃に友人から紹介があってね、子供たちにもすすめられて、幼なじみのお医者さまと再婚したのよ。苗字も変わったのですけど、もうこの歳だし、いろいろと面倒だから前の苗字で通しているの。
**担当者**:ええ、そうだったのですか。すみません、存じ上げませんでした。

お客さまと話をする時、私たちはCIF情報やお客さまの表面的な言葉などをもとにお客さまを自己評価し、その評価に基づいて話を理解しようとします。この事例の担当者は、配偶者が既に亡くなっているというCIF情報と、満期金がご主人さまの保険金であるという新たな情報から、近田さんがお一人でこれからの100年人生を歩んでいくものと勝手に決めつけてしまいました。

このような聞き方を思い込み・決め付けの聞き方と言います。**近田さんが独り身であると一度思い込んでしまうと、この思い込み・決めつけから逃れることは大変難しくなってしまいます。**そうなると、話の展開がこの後どのようになろうとも、正確な内容を聞くことができなくなってしまい、お客さまの情報収集どころではなくなります。

ありがちなヒアリング④

## 売り手本位で自分の聞きたいことだけを一方的に聞く

担当者：えっと、近田さまとお呼びしてよろしいでしょうか？

近田　：ええ、再婚を知っている友人にも近田で通してもらっていますから構いませんよ。

担当者：ありがとうございます。ご再婚されますと戸籍も変わっているかと思いますので、変更手続きをしていただく必要がございます。ご用意いただく書類もありますので、よろしくお願いします。

**近田**：あちこちでたくさん手続きしていますから大丈夫ですよ。

**担当者**：ありがとうございます。ところで、来月迎える満期の話に戻ってもよろしいでしょうか？

**近田**：ええ、どうぞ。

**担当者**：近田さまは先ほど金利が低いとおっしゃっておりましたが、恐らくこの低金利はまだしばらく続くものと思います。

**近田**：そうみたいね、困ったものね。

**担当者**：今お預けいただいております投資信託は、当初ご案内させていただいた時の見通しが外れ、大きく評価損が出ていることは大変申し訳なく思っています。ただすべてのマーケットが悪いわけではなく、世界を見渡していただきますと、好景気の国や地域、これから著しい成長が見込まれる国や地域もございます。

**近田**：そうなの？

**担当者**：今お預けいただいております投資信託は単一マーケットに投資する手法を取っておりまして、現状大きな評価損が出ていることは事実ですし、近田さまにおかれましては不快な思いをされていることは十分認識しております。本当に申し訳ございません。ところで、近田さまはハーバード大学をご存知でしょうか？

**近田**：アメリカの？

**担当者**：はい、そのハーバード大学は莫大な資産を保有している機関投資家でして、その資産運用方法は長期投資、分散投資、オルタナティブ投資というものです。まさに卵を一つの籠に入れるなという格言を実行して驚異的な運用成績を上げていると言われています。

**近田**：そんな、大きな話をされてもねえ。

**担当者**：近田さま、そうではないのです。ハーバード大学のような機関投資家が行っている投資手法が個人のお客さまでもできるようになってきたということなのです。

**近田**：……。

**担当者**：お預かりの投資信託に今回満期を迎えます1000万円を加えて、評価損を補完する最適なポートフォリオを構築してみてはいかがでしょうか？　当行は世界最大手クラスの投資信託会社と提携しております。最新の金融工学を駆使して、近田さまに最高のパフォーマンスが期待できる長期分散投資のご案内ができるかと思いますが、いかがでしょうか？

**近田**：今日はもう時間もないから。満期金は主人が遺してくれたものだから私は使うつもりないの。とりあえず同じ定期預金を継続するようにしてください。また来月手続きに来ますからよろしくお願いします。

お客さまと話をする際、私たちは、お客さまが何について話をしているのか、何を伝えたいのかについてあまり思慮することなく、ある特定の言葉や言い回しにだけ反応していることがあります。例えば、低金利という言葉が出た瞬間、それまでの文脈は度外視して、提案したい内容について同意を得られるような質問ばかりをしてしまうといったことです。

このような聞き方を、自分都合・売り手本位の聞き方と言います。担当者は、**1000万円がご主人さまの保険金であることを聞き出すことはできましたが、お客さまの想いまで聞くことができませんでした。**お客さまの「金利は低いのでしょ」という言葉にのみに反応して、長期分散投資の提案を試みようとしています。

これではお客さま本位ではなく、売り手本位と言われても仕方ありません。

Chapter 2

# ヒアリングの基本技術を身につける

# 1 「聞く」「聴く」「訊く」を使い分ける

お客さま本位のヒアリングを行ううえで、皆さんに身につけていただきたい基本技術の一つ目は、「聞く」「聴く」「訊く」の使い分けです。

「聞く」「聴く」「訊く」は、いずれも「きく」と読み、広い意味ではどれも、「相手の話を耳にする」行為を表していますが、使う漢字の違いにより、その意味内容は違ったものになります。本書ではここまで便宜的にすべて「聞く」を使ってきましたが、いわゆる「聞く」という行為の中にも、異なる漢字があてられる3種類の「きく」があるのです。

では、皆さんは、この3種類の「きく」の違いがおわかりでしょうか。また、わかっていたとしても、お客様との会話の中で、その使い分けができているでしょうか。

実は、**この3つの「きく」を使い分けることが、お客さま本位のヒアリングを行うう**

**えでとても大切なことなのです。**

「聞く」「聴く」「訊く」が表すそれぞれの意味は次のとおりです。

**①聞く**

一般的にもっとも使われる「聞く」は、広い意味ではどんな場合にも使われますが、「聴く」や「訊く」との違いで言うと、積極的にヒアリングする、リスニングするというよりも、「漠然と話をきく」といった意味合いが強くなります。

私はよく、漢字の形からも説明するのですが、「聞」という漢字は、門構えの中に耳を書きます。この漢字が示すように、「聞く」というのは、自分は門の中にいて（積極的に表に出ることなく）、そこで聞ける話だけを聞くといったイメージです。

**②聴く**

「聴く」は、傾聴という言葉にも「聴」の字が使われているように、より注意を傾けて、積極的に話を「きく」という場合に使います。

「聴」という漢字は、耳へんと「十四」と「心」に分解できます。つまり、よく

「耳」を使い、「十四」倍のエネルギーを使い、しっかり「心」で受け止めて「きく」のが「聴く」なのです。

### ③訊く

この「訊く」は、同じ漢字を使って「訊ねる《たず》」とも読むように、質問して相手から答えを求める場合に用います。相手の話の不明な点やわかりにくい点を、質問により明らかにするのが「訊く」というわけです。「聞く」「聴く」「訊く」の中では、最も積極的なヒアリングといえます。

お客さまからのヒアリングにおいては、その話の段階やお客さまの状況に合わせて、この3つの「きく」を使い分けていくことが大切です。

例えば、ヒアリングの初期段階においては、お客様との距離を縮めることが重要ですから、お客さまに気持ちよく話してもらい、自分は話すよりも聞き役に回ることが優先されます。

その場合は、集中して前のめりになって話を「きく」というより、うなづいたり、

## 3つの「きく」を場面により使い分けよう！

**聞く**

お客さまに気持ちよく話してもらい
お客さまと距離を縮める

**聴く**

お客さまのことをもっと
よく知り、理解するために
集中して話を聴く

**訊く**

相手の話の不明な点や
わかりにくい点を
質問により明らかにする

相づちを入れたりしながら、お客さまが話しやすい状況をつくることが必要です。ですから、ここで求められる「きく」は、「**聞く**」ということになります。

この「聞く」段階が終わったら、次は、お客さまのことをもっとよく知り、より理解できるように、お客さまの話を「**聴く**」ことになります。ここでは、お客さまの話に集中し、話されている表情や様子もしっかり観察しながら、しっかりと話を「聴き」ます。

そしてそのうえで、不明な点や、お客さま本位のコンサルティングやご提案を行うために必要な点を「**訊く**」ことが必要になります。

このように、**「聞く」「聴く」「訊く」という3つの「きく」を場面場面で使い分けることができると、スムーズに必要な情報をヒアリングすることができます。**

# 2 お客さまに関心をもつ

対お客さまに限らず、会話する相手に関心をもつことは、コミュニケーションの大原則であり、基本中の基本です。**相手に本当に関心をもってこそ、必要な情報や、相手が本当に考えていることを聴き出すことができます。**

ただ、実際のところ、これが簡単ではありません。本当の意味で、相手に関心をもって会話ができている人はそう多くないと思われます。

というのも、人間というのはどうしても自己中心的な存在なので、会話においても、つい「自分が自分が」ということになり、自分の正しさを主張したり、あるいは自分にとってメリットになることを前面に打ち出してしまいがちだからです。

例えば、コミュニケーションに関するセミナーなどで、私はよく、受講者の皆さんに「海派」と「山派」に分かれてもらい、ディベートをしてもらいます。海派には

「遊びに行くなら海がいい」という主張をしてもらい、山派には「山がいい」という主張をしてもらって、お互いに説得してもらうわけです。

そうすると皆さん、いかに海がいいか、いかに山がいいかと一所懸命に意見を述べるのですが、いっこうに相手を説得できないわけですね。いくら自分の意見を主張しても、相手の意見を変えることはできないわけです。

ではどうすれば、対立を解消して相手の意見を変えさせることができるのか。そのときのポイントは、相手はなぜ「海がいい」と主張しているのか、相手はどんな理由で「山がいい」と主張しているのか、その理由を聴き出すことなんです。**自分中心に、自分の意見をひたすら述べるのではなく、相手がどんなことを考えているのかに関心をもち、まずはしっかり聞き役に回らないと、相手の考えを動かすことはできません。**

こうしたことは、金融機関の皆さんが、お客さまと話をするときも一緒です。お客さまのことを知ろうともせず、自己中心的に、売りたい商品の説明ばかりしているようでは、お客さまの心を動かすことはできません。

また、このように「お客さまに関心をもつ」ことは、「お客さま本位の業務運営」

## お客さまを知ることを第一に考えよう！

お客さまに関心をもち、聞き役となって
お客さまの状況や考えを理解することに努める

という点でも欠かせません。「お客さま本位の業務運営」が目指すのは、お客さまの置かれた状況や考えをしっかりと把握・理解したうえで、お客さまの想いや夢を実現したり、お客さまが望む方向に進むことができるように、お客さまを導いてさしあげることです。

そう考えれば、お客さまに関心をもち、その本心ややりたいことを理解できるように全力を尽くすことが、「お客さま本位の業務運営」に不可欠であることは言うまでもないでしょう。

**お客さまに関心をもち、お客さまのことをよく知ることを第一に考える。**それなしに、お客さま本位のヒアリングも、お客さま本位の業務運営も行うことはできません。

# 3 話を整理しながら聴く方法

「話を聴いているうちに、何を聴いているか訳がわからなくなってしまう」
「話があっちこっちに行って、時間がかかりすぎてしまう」

皆さんの中には、お客さまからのヒアリングにあたって、そんな悩みを持たれている方もいるのではないでしょうか。

限られた時間の中で、正確に、必要十分なヒアリングを行うには、話が取り散らからないよう、話を整理しながら聴いていくことが必要です。では、話を整理しながら聴いていくにはどうすればいいのか。そこで大切になるのは、**その会話で一番何を聴かなければならないのかを、自分の中で明確にしておく**ということです。

一番聴かなければならない話のことを、その会話の**「主題」**と言いますが、話があちらこちらに飛んでしまう人は、この主題への意識が弱いと考えられます。

例えば、お客さまがご自身の相続についてどうお考えになっているかを聴きたいのであれば（これが主題）、それを聴くためには、その前にどのような話を聴き、こちらからどんな情報を提供すればいいのかを考え、その順序を考えるようにします。

相続についてであれば、ご家族についてのお話やご資産の状況についての話は必須でしょうし、こちらからの情報提供としては、相続税に関する基本的な話が必要になるかもしれません。

それらをどのような順番（話の構成）で、どのような持っていき方（話の流れ）で話に出していくかを考え、あとはそれに沿ってヒアリングをしていくわけです。

主題が明確になっていなかったり、主題への意識が弱いと、このあたりの構成や流れがあいまいになり、話が取り散らかる原因になります。

ヒアリングにあたっては、**常に主題を意識し、そこを軸に話の構成や流れを組み立てていく**ようにしましょう。

## 常に「主題」を意識してヒアリングを行おう！

### 1 事前に主題を明確化し、具体的で簡潔な表現にしておく

❖その会話で聴かなければならないことを事前に自分の中で明確化しておく。

▼

### 2 主題について聴くために必要なことを考える

❖前段階でどんなことを聴いておくか
❖こちらからどんな情報を提供するか

▼

### 3 話の構成・流れを考え、それに沿ってヒアリングしていく

# 4 こんなタブーなヒアリングに注意！

Chapter 1でも、「お客さまに、こんなヒアリングしていませんか？」として、とくに金融機関にありがちな「悪い聞き方」を取り上げましたが、ここでは改めて、皆さんに注意していただきたい「タブーなヒアリング」について述べたいと思います。

一口に「タブーなヒアリング」と言っても、細かく挙げていけば、いろいろとあるわけですが、ここでは、とくに皆さんに注意していただきたい3つのパターンについて説明することにします。

## ①自分の「思い込み」や「決めつけ」で人の話を聞いてしまう

たとえば、「投資信託では、かつて大損をしたことがあったからね」と話すお客さまがいたとしましょう。

こうした話を聞くと、それだけで「このお客さまには、もう投資信託をおすすめすることは無理だな」と思いこんでしまう人がいます。そうなると、そこからの会話で、そのお客さまが投資信託への関心を示す発言をしても、もはや耳に残らなくなり、お客さまのご要望にお応えすることも、セールスチャンスをつかむこともできなくなります。

また、社長夫人で、いつもおしゃれをしているお客さまが「自宅が手狭になってきて」といった話をしていたとしましょう。実はそのお客さまは賃貸住まいで、マイホームの購入を検討しているところだったのですが、社長夫人でお金持ちだから、当然持ち家だろうと思いこんでいると、「リフォームや増築はお考えになりませんか」などと、ピントはずれな提案をすることになってしまいます

皆さんは、このように先入観や思い込みをもったヒアリングをしていないでしょうか？

「聞く」という行為には、話し手に対する聞き手の気持ちや意識が反映されるものです。そして**先入観や思い込みは「決め付け」につながり、そうなると、まるで高速道**

**路でスピードを出しているときのように、視野が狭くなり、客観的な判断が難しくなってしまいます。注意しましょう。**

## ②自分に都合よく聞いてしまう

人間は「自己中心的な生き物」であり、人の話を聞く場合も、**往々にして自分に都合がいいように聞いてしまう**ものです。

例えば、投資信託のご案内をしている中で、お客さまに「新興国の債券は金利が高くていいけどね…」と言われたとします。皆さんだったら、お客さまのこの言葉をどう受け取りますか。

そのときの語調や表情等にもよりますが、この言葉からは、「新興国の債券は金利が高くていい」という感情と、「金利が高いのはいいが、(リスクが高そうだし)ちょっと嫌だな」という感情の2通りが読み取れると思います。

ところが、ここで聞き手側に「新興国の債券ファンドを売りたい」という気持ちが強いと、往々にして前者の感情だと思い込んでしまうのです。そう思い込んだまま、セールスを続けていくと、お客さまからは「なんだ、こいつは。俺の言ったことを聞いていないのか」とお叱りを受けることになりかねません。

ここは冷静に、お客さまの気持ちをよく確認する必要があります。

また、もっと単純な例で言えば、銀行員が「よろしいですね！」と尋ねたのに対し、お客様が「結構です！」と答える場合もそうでしょう。このときのお客様（聞き手）の「結構です！」には、「YES」の意味の場合と「NO」の場合があるのはおわかりかと思います。ここでも、「結構です」の意味を自分の都合のいいように解釈してしまうと、会話は行き違いになってしまいます。

とくに日本語の場合、**YESかNOかどちらだかはっきりしないような表現として、「結構です」のほかに、「大丈夫です」「いいです」「わかりました」などという言い方もあります。注意してください。**

「コミュニケーションは誤解によって成立している」という言葉があるくらい、我々の日常会話やビジネスのやりとりでは、「伝えたつもり、伝わったつもり」「わからせたつもり、わかったつもり」という場面はとても多いものです。

## 真意がはっきりしない答えに注意！

お客さまの真意は?

金利が高くて
魅力的なので
購入を検討したい

金利は高いが
リスクも高そうだし
ちょっと嫌だな

**都合よく判断せず、しっかり確認を！**

したがって、**お互いが正確にわかりやすく「話す・聞く」というコミュニケーションのやり取りを行うためには、「言い換え」「確認」「質問」等が不可欠になってくる**ということは容易に理解できることと思います。それについては、また後ほど詳しく説明します。

## ③儀礼的に聞いて聞き流してしまう

いわゆる「右から左への聞き流し」です。相手の話はいちおう耳には入っており、聞いているポーズは示しているものの、実際には頭にも心にも届いていないという聞き方です。Chapter 1の「お客さまに、こんなヒアリングをしていませんか？」でも一つ事例を挙げました。

「そんな聞き方はしない。いつもちゃんと聞いている」という人は多いと思いますが、本当に大丈夫でしょうか。

金融機関の窓口でこうした聞き方になりやすいのが、いま説明をしたにもかかわらず、「同じ質問を何度も繰り返し訊いてくるお客様」に対してです。いま説明したば

**「ですから…」というフレーズが出るときは、**
**白紙の状態で話を聞けていない。**

かりの窓口担当者からすれば、「いま説明したばかりなのに、何を聞いているのだろう」といった感情が湧いて、あとはお客さまの質問に対しても「聞いているふり」になって、おざなりな対応になってしまうというケースは多いようです。

このように、たとえ何度も同じことを質問してされたような場合にも、それを、「聞き流す」といったことはしてはなりません。なぜなら、話が伝わったか否かを決めるのは、情報の発信者である話し手ではなくて、その話を受信した聞き手だからです。**何度も同じことを質問してくるということは、**

**こちらの話が伝わっていないということ**なのです。

もちろん、お客さまが質問をしてきている以上、まったく無視するといったことはないでしょうが、こうした場合によく発しがちなのが、「ですから…」というフレーズです。

「ですから、先ほども申しましたように…」といった返答をしていないでしょうか。こうしたフレーズが出るときというのは、聞き手として、相手の理解度や状況を慮る姿勢になっておらず、白紙の状態で話を聞けていない状態といえます。

そうしたときこそ、いつも以上に観察力と創造力を働かせ、「なぜこの人は同じ質問をするのだろうか？」「私が相手の知りたいところに応えていないのだろうか？」と考え、聴き手（お客さま）に真剣に向き合うことが必要です。

**「ですから…」はNGワードと考え、思わず使ってしまっていないか、常に自己チェックするようにしましょう。**

# 5 5つの「あいづち言葉」を使い分ける

ぜひ想像してみていただきたいのですが、皆さんが誰かに何か話をする際、聞き手が時折うなづくくらいで、ただ漫然として、ほとんど反応を示さなかったらどう思うでしょう。きっと、「この人はちゃんと話を聞いてくれているのだろうか」と不安になり、話そうと思っていたことも話すのをやめてしまうのではないでしょうか。おそらく、ほとんどの人がそういう反応になるだろうと思います。

このことからも言えるように、**人から話を聞くときには、ただ漫然と聞くのではなく、タイミングよくあいづちを入れ、相手の話に対し、常に反応を示すことが大切**です。それによって、「ちゃんと興味を持って話を聞いていますよ」ということが相手に伝わるのはもちろん、会話にリズムが生まれ、相手に気持ちよく話してもらえるようになります。

ただ、そうはいっても、どのタイミングで、どのようなあいづちを入れたらいいのか、わからないという方も多いかもしれませんね。

ここでは、あいづちで使う言葉（「あいづち言葉」）の例を5パターンに分けて紹介しますので、ぜひお客さまからのヒアリングで使ってみてください。

## ❶同意の「あいづち言葉」

### 「そうですね」「なるほど」「わかります」「さすがですね」等々

お客さまの話を聞いて、「そうではなくて！」「そこは違います」など、いきなり頭ごなしに否定するようなことを言ってしまうと、そこには反発心しか生まれず、そこから後のヒアリングもうまく進みません。

たとえ、お客さまの話が間違っていたり、同意できない内容だったとしても、まずは同意の「あいづち言葉」を挿入することで、お客さまはこちらの話をよく聞いてくれるようになり、ヒアリングもスムーズに進みます。お客さまの話を正したり、こちらの考えを聞いてもらうのは、それからでいいのです。

## ❷共感の「あいづち言葉」

**「大変でしたね」「よく我慢されましたね」「うれしかったでしょう」**
**「ご心配でしたね」「不安でしたね」「大満足ですね」等々**

お客さまの「気持ち」や「立場」に目を向けた「あいづち言葉」です。共感の「あいづち言葉」を会話に挟むことで、お客さまに「この人はなんて人の気持ちがわかる人なのだろうか！」と思わせ、互いの距離を縮め、活発に話していただけるように仕向けていくことができます。

## ❸促進の「あいづち言葉」

**「それから？」「と、おっしゃいますと？」「それで結果はどうなりました？」**

**「お客さまはなんと?」「となると次は…」等々**

金融機関で自分のことを話すのに警戒心があるお客さまや、あるいはもともと口が重いお客さまなどは、こちらからの問いかけに対し、言葉を濁したり、言い淀んだりすることが少なくありません。こうしたお客さまから話を聞くときには、促進の「あいづち言葉」を用いることで、お客さまの背中を押すことが有効です。

### ❹整理の「あいづち言葉」

**「要するに……ということですね」「ポイントは…と…ですね」**
**「つまり……が最も重要ということですね」**
**「一言で言うと……ということですね」等々**

お客さまの話す内容が錯綜しているときに、それを上手に誘導し、交通整理してあげる「あいづち言葉」です。要約したり、確認したりして、話し手の言いたいことを整理してあげます。

一方的によくしゃべるお客さまから話を聞く際など、会話をうまくコントロールしていくときにも、この整理の「あいづち言葉」は効果的です。

## ❺転換の「あいづち言葉」

**「そう言えば……の件は？」「つまり当然……ということですね？」「今の話で思い出したのですが…」「話は変わりますが…」等々**

話が行き詰まったり、沈黙が続いたりして、場が気まずい雰囲気になったり、空気が固まってしまったような場合に、場を転換させるために使う「あいづち言葉」です。「ところで！」が代表的な転換の「あいづち言葉」ですが、いきなり使うと「相手の話を遮っている印象」を与えます。そこで、相手の話に乗ったようなフレーズ（「今の話で思い出したのですが…」など）と前置きの言葉を挟んでから、「ところで…」と転換の「あいづち言葉」を使うとさらに効果的です。

## 上手なあいづちが会話をスムーズにする

タイミングよくあいづちを入れることで
会話にリズムが生まれ、
相手に気持ちよく話してもらえます。

# 6 ヒアリングの際の姿勢・表情・態度に注意！

次に、お客様からヒアリングを行う際の姿勢・表情・態度についても注意点を挙げておきたいと思います。

「そんなの、ヒアリングの技術とは関係ないのでは？」と思う方も多いかもしれませんが、ヒアリングを実のあるものにするためには、**お客さまに心を開いて、気持ちよく話をしていただく**必要があります。そしてそのためには、聞き手の姿勢・表情・態度なども大きな要素となるのです。

私はセミナーなどでお話をする際、ヒアリングの際の姿勢・表情・態度で日頃から意識しておくポイントを7つあげています。「背」「目」「手」「笑顔」「足」「服」「癖」の7つです。そしてそれを、**「せめて笑顔で足ふく癖」**（「せ・め・て・笑顔で・足・ふく・癖」）という語呂合わせで、日頃から意識するようにお話ししています。

以下、意識するポイントを簡単に述べておきましょう。

## ①「背」

ヒアリングの際、背筋を伸ばすことで、相手をしっかりと見て観察することができます。また、背筋を伸ばせば、声もしっかり相手に届きます。

ご自分が「猫背」だと思う方は、かなりオーバーアクション気味に背筋を伸ばすようにしましょう。例えば、肩を前から後ろに回して、肩胛骨がくっつくくらいまでしっかりと胸を張り、そのまま手を脇に添えるようにするといいでしょう。

ただし、アゴが上がった姿勢になると、偉そうな感じを相手に与えてしまうので注意してください。

## ②「目」

目の動きに落ち着きがないと、相手に挙動不審なイメージを与え、不安感を抱かせることになります。ヒアリングの際には、目はしっかりと開け、お客さまに向けましょう。

ただ、自分の両目で相手の両目を見ようとはしないようにしてください。自分の両目で相手の両目を見ようと意識すると、その瞬間から「目力」が強くなり、相手にプレッシャーをあたえる可能性があります。**大切なことは、「穏やかな眼差し」を相手に向けるということ**です。

では、両目で相手の両目を見るのでないとしたら、どのようにして相手に視線を送ればいいのでしょうか。以下、誰でもすぐにできる視線の送り方を2つご紹介します。

一つ目は、**「自分の左目で相手の左目を見る」**という方法です。自分の「左目」で相手の「左目」を見るようにすると、両目で見る場合よりも相手に与えるプレッシャーが半減し、相手はリラックスして話せるようになるのです。

なぜ左目かというと、左目は「右脳」とつながっており、感じの良さを演出できると言われているからです。「右脳」は、ご存じの方も多いと思いますが、「感覚やフィーリング」を司っていると言われ、別の言い方をすれば、「感じの良さを相手に与える」と言われています。見られる側も、左目を見られることで、「右脳」に刺激を受け、相手に好感を持ちやすくなります。

もちろん、必ず左目でなくてはならないわけではなく、慣れるまでは自分の見やす

## 面談相手にプレッシャーを与えない視線の送り方

### 1 自分の左目で相手の左目を見る

### 2 相手の鼻を見る

いほうの目でもよいのですが、あくまで「相手の右脳」に働きかけるための「左目」ですので、ここはという時は「左目」を意識することをおすすめします。

それでも目を合わせることでプレッシャーを与えてしまいそうだという方は、2つ目の方法を試してみてください。それは、**「相手の鼻を見る」**ということです。

鼻は顔の中心にあるので、見られた相手からすると、「わたしはあなたの顔をしっかり見て、貴方の話をしっかりと聞いていますよ！」ということを感じ、「しっかり聞こう！　話そう！」という前向きな気持ちになるのです。しかも、目を合わせるときのようなプレッシャーを与えません。

対面して話をする時に、多くの人が苦手意識を持ちがちなのが、「アイ・コンタクト」です。とくに日本人の場合は、人の目を見て話したり、聞いたりすることには慣れておらず、そのことから対人関係に苦手意識を持ったりするケースも少なくないようです。

ヒアリングの際、お客さまのどこを見たらいいかわからないという方は、ここで述べた方法を試してみてください。

### ③「手」

「手の位置と動き」についても注意を払いましょう。「手の動きや指先に気持ちは顕著に現れる」と言われます。その理由はいたって簡単で、普段生の肌が露出している体の部分と言えば、「顔」と「手」なのです。「顔」に関しては、「笑顔で聞こう、話そう」などとかなり意識することが多いのではないでしょうか？　では「手や指先は？」というと、皆無と言っていいほど意識しないのです。

しかし、腕を組んだり、手が落ち着かなかったり、指を組んだり、指まわしをしたりすると、相手はかなり気になります。**指先を落ち着けて揃えておけば、気持ちや態度まで落ち着いて相手に映るし、実際に自分自身の気持ちを落ち着かせる効果があります。**

**肘をついたりすることは、もちろん論外です。**

### ④「笑顔」

「笑顔は世界共通語」と言われます。たとえ言葉が通じなくても、「笑顔」でコミュニケーションすれば、感じの良さが瞬間的に伝わり、相手に安心感や好意・好感を抱いてもらえ、とてもスムーズに物事が進んでいきます。皆さんがお客さまから話を聞く際にも、それは当然言えることです。

「大丈夫。私はいつもお客さまとは笑顔で接している」という方は多いと思いますが、問題は、人とコミュニケーションしている時の「自分の表情」は見えないということです。自分では「普通」の表情と思っていても、口角が下がっていたりすると、その表情を見たお客さまからは、「ふて腐れている」「なんであんなにつまらなそうに仕事をしているのだろうか？」「感じ悪い！」と思われることもあります。自分では笑顔で接しているつもりでも、お客さまにはそうは映っていない可能性もあるのです

そうした前提で、**お客さまとの面談に際しては、普段の10倍くらいの意識で、笑顔を保つ**ように心がけましょう。

## ⑤「足」

金融機関の場合、お客さまと立って話をすることはほとんどないと思いますが、もしそうした場面があった場合には、次のことを注意してください。立ち話の足の位

置も、お客さまは結構気になるものです。

立ち話の際には、いわゆる「休め」の姿勢をとることが多いと思います。どちらか一方の足に体重をかけ、自分では「楽そうに」思います。しかし、面白いことに、「休め」の姿勢を1分くらい続けていると、その間に何度も足を組み替えるようになります。そしてそのたびに上半身も左右に動き、相手にはとても「不安定」に映ってしまいます。

立って話をする際には、「休め」の姿勢ではなく、**両足に均等に体重をかけて立つ**ようにしましょう。

## ⑥「服」

皆さんの中には、制服で仕事をされている方も、ご自身のスーツで仕事をされている方もいらっしゃると思いますが、いずれにせよ、お互いの距離が近いような場合は、「糸のほつれ」や「糸くずが服に付いている」といったことがあると、お客さまは大変気になるものです。また、「襟が立っている」「ボタンを掛ける位置が違う」「ポケットが膨らんでいる」といったことも同様です。

ヒアリングとは直接関係ないと思うかもしれませんが、こうしたちょっとしたことが、金融機関や皆さん自身に対するお客さまの印象を左右し、コミュニケーションの質に影響してくるのです。

### ⑦「癖」

「無くて七癖」と言いますが、だれでも「無意識」のうちに出てくる「癖」がありました。そして、「癖」のやっかいなところは、先ほど述べた自分の表情と同じで、自分自身ではわかりにくいということです。

ですから、まずは**周囲の身近な人間に、自分の癖について気になることがないか聞いてみる**とよいと思います。「同じ手の動きを繰り返す」「顔や髪を触る」「貧乏ゆすりをする」「眉間にシワ」「唇を尖らせる」等々、そんなしぐさや行動を無意識のうちにとっているかもしれません。

お客さまに不快感を与えるような癖がないか、チェックしましょう。

## お客さまに気持ちよく話していただくために

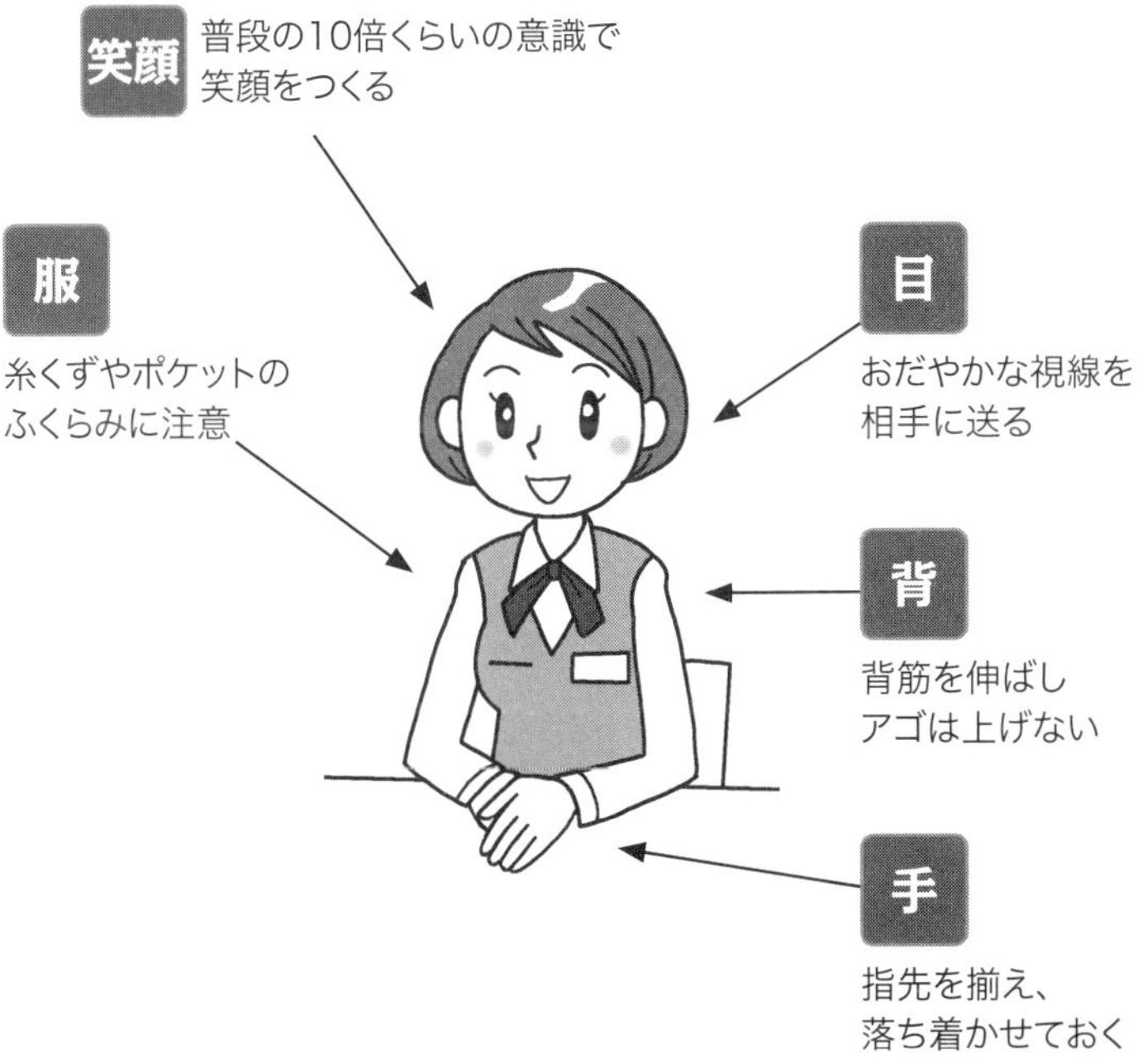
笑顔
普段の10倍くらいの意識で
笑顔をつくる
服
糸くずやポケットの
ふくらみに注意
目
おだやかな視線を
相手に送る
背
背筋を伸ばし
アゴは上げない
手
指先を揃え、
落ち着かせておく

**足** 立って話すときは、
両足に均等に体重をかけて立つ

**癖** 無意識の癖に注意。
身近な人にチェックしてもらおう

# 7 聞き返しで間違いや誤解を防ぐ

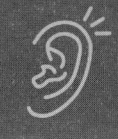

お客さまからのヒアリングは、当然正確に行わなければなりません。しかし、誤解や言い間違い、聞き間違いはどうしても避けられないものです。ですから、**お客様からのヒアリングは、そうした間違いは必ず生じるということを前提に、常に話の内容を確認しながら進めなければなりません。**

では、どのようにして話の内容を確認すればいいのでしょう。

最も基本的な確認の方法は、そのままの言葉で聞き返すということです。

「主人も来年３月には定年だから」

とお客さまが言ったとしたら、それに対し

「そうなんですか。ご主人さま、来年３月にご定年ですか」

といったように必ず聞き返します。これを一般に**「オウム返し」話法**と言います。

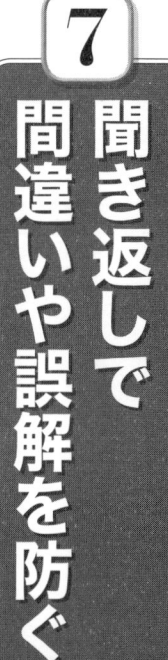

その場合のコツとしては、お客さまの話の中のキーワードを見つけ、それを使って聞き返すということです。ここで言うキーワードとは、聞き手が確実に押さえておかないといけない情報、固有名詞、数字などです。

ご主人の話をいろいろ聞いたとしても、その話全体を繰り返すのでなく、ポイントである「ご主人が来年3月に定年」という言葉を確認するということです。「これこれこういうことで、こうなんですね」といったように話全体を繰り返すと、どうしても長くなってしまい、会話が弾まなくなってしまいます。**ポイントとなる話が出たら、それをキーワードで聞き返す**ことで、簡潔に確認するようにしましょう。

ただ、会話の中で、間違いがないように確認すべき事項というのは、キーワードになるような言葉や固有名詞、数字などばかりではありません。話が複雑で入り組んでいる場合など、その話の内容そのものを確認する必要が出てきます。

そもそも、たとえご自身のことであっても、正確にわかりやすく説明ができるお客さまというのはそう多くないものです。お客さまの話の内容が取り散らかっていて、よく理解できなかったという経験は、皆さんも少なからずお持ちではないでしょうか。

そうした場合には必ず、**「お話をまとめさせていただくと、……ということですね」というように、お客さまの話をこちらで要約して聞き返す**ようにします。それによって、相手の話に対する自分の理解が間違っていないか確認するわけです。

お客さま自身、伝えたいことが整理できていないことは多いので、そうして要約してあげて聞き返すことで、お客さま自身も頭の中が整理できることは多いものです。

このように、お客さまからのヒアリングでは、**キーワードによる確認と要約による確認を併用し、間違いや誤解を防ぐクセをつけましょう**。たとえば、話の中にポイントとなるキーワードが出てきたときには、その場その場で「オウム返し」をし、ある程度ひとまとまりの話が終わったところで、そこまでの話を要約して確認するといった併用の仕方もいいと思います。

ポイントを整理しながらヒアリングを行うことで、誤解や間違いが防げるのはもちろん、お客さまとしても、自分の考えを整理しながら、しっかりと自分の想いを伝えることができやすくなります。

その意味でも、キーワードや話の内容を確認しながらヒアリングを進めることは、「お客さま本位のヒアリング」という点からも大切なことなのです。

## 聞き間違いや誤解を防ぐために

### キーワードや数字は
### オウム返しで確認する

### お客さまの話を
### 要約して聞き返す

キーワードによる確認と要約による確認で
間違いを防ぐ癖をつけましょう

# 8 上手なメモのとり方

お客さまからのヒアリングに限りませんが、人から大事な話を聴くときは、しっかりとメモをとることが必要です。いくら記憶力がいい人でも、時間が経てば、聞いた話はどんどん忘れていきます。どんなに正確に、いい話を聴けても、忘れてしまっては何の意味もありません。

もちろん皆さんは、お客さまの話を聴くときはしっかりとメモをとっていると思いますが、「聞き方」の研修などでメモをとる実習を受講生の方にやってもらうと、うまくメモがとれる人はごくわずかです。

あとで見返して「使えるメモ」をとるには、それなりのコツがあります。以下、それをご紹介しましょう。

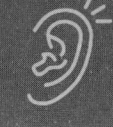

## ①キーワード、固有名詞、数字をしっかり書く

前項の「間違いや誤解を防ぐ」話で、「キーワードで聴き返す」ということを述べましたが、メモをとるにあたっても、**常にキーワードを意識し、それを漏らさずメモする**ことが大切です。

また、固有名詞や数字は、万一間違えたときに、とくに大きな問題になりやすいので、しっかりメモをとる必要があります。

## ②短文の箇条書きに。行間を空ける

研修で次のような実習を行うことがあります。お客さまの話をメモにとる実習です。A6くらいのよくあるメモ用紙を用意し、お客さまとの電話での話をメモにとるつもりで、1から10までの数字を読み上げながら、それを制限時間の間に繰り返し書いてもらいます。1から10の数字が、お客さまの話す「キーワード」「キーフレーズ」のイメージです。制限時間は20秒くらいです。

そうすると、受講生の皆さんの数字の書き方（メモのとり方）に、95ページにある

ような3つのパターンが見られます。

まず一つは、「10まで来てもそこで区切らず、連続で書くパターン（パターン1）。

もう一つは、10まで来たら改行するパターンです（パターン2）。

そしてさらに、パターン2の書き方をした人の中にも、各行を、行間なしで詰めて書く人と、パターン3のように、1行ずつ行間をわざと開けて書く人がいました。

さて、どの書き方が、最も上手なメモのとり方だと思いますか。

正解は、3番目の、**改行して行間を空けて書く**やり方です。

改行が必要なことは、メモの見やすさから考えても疑問の余地はないと思いますが、では、なぜ行間を空けることが必要なのでしょう、それは、ヒアリングを進める中で追加の情報が出てきたとき、それを書き加えたり、メモした情報が間違っていたときに斜線や二重線などで消して、正しい情報に書き直すスペースにするためです。

**メモをとるときには、このように後で追記や修正を行うための余白をつくっておくことが大切です。**

### ◉パターン1

1 2 3 4 5 6 7 8 9 10 1 2 3
4 5 6 7 8 9 10 1 2 3 4 5 6
7 8 9 10

### ◉パターン2

1 2 3 4 5 6 7 8 9 10
1 2 3 4 5 6 7 8 9 10
1 2 3 4 5 6 7 8 9 10

### ◉パターン3

1 2 3 4 5 6 7 8 9 10

1 2 3 4 5 6 7 8 9 10

1 2 3 4 5 6 7 8 9 10

## ③重要な部分には、アンダーラインや星印などを使う

あとでメモを見返した時に、大事な部分がすぐにわかるように、そうした箇所にはアンダーライン（下線、波二重線）を引いたり、星印を付けておきます。

また、あとで確認をしようと思ったところには、クエスチョンマークを付けておくというのもいいでしょう。

自分だけわかればいいので、あらかじめ、**「こういうところには、このマークを付ける」ということを決めておく**といいと思います。

## ④メモを見る時間と、相手を見る時間のバランスに注意する

最後は、メモの「書き方」についてではなく、メモをとる際の視線についてです。

「メモをとっているとお客さまの顔を見ることができず、お客さまの顔を見て話を聴くと、メモをとることができない。どうしたらいいでしょう」

よく、こうした質問を受けるのですが、実際、これはなかなか難しい問題だと言えます。たしかに、メモをとることに懸命になりすぎて、話している相手の顔をほとん

ど見ていないという人を、時折見かけます。

特に日本人の場合、相手に凝視されると話しにくいという人も少なくなく、下を向いてメモをとりながら質問されるほうが答えやすいということもあるようですが、「聴き方」としては、やはりこれは問題があります。なぜなら、ヒアリングはやはり、相手の様子や表情を観察しつつ、それを鑑みながら進めていく必要があるからです。

たとえば7対3くらいの割合で、**7はお客さまの顔を見て、3は手元（メモ）を見るといった感じで、バランスをとることが必要でしょう。**

最初は難しいかもしれませんが、慣れてくればできるようになりますので、そうした意識でヒアリングにのぞむようにしましょう。

| | | |
|---|---|---|
| 11 | 人の話を聞くとき、タイミングよくうなずくことができない | □ |
| 12 | 相手の話の合間合間に、「そうですね」などの「同意」のあいづち言葉を入れられない | □ |
| 13 | 相手の気持ちを代弁するようなな「大変でしたね」などの「共感」のあいづち言葉が出ない | □ |
| 14 | 口の重い相手に対して「と言うと…」などの「促進」のあいづち言葉が出てこない | □ |
| 15 | 相手の話の内容がスクランブル交差点のように錯綜していても、「整理」のあいづち言葉が出ない | □ |
| 16 | 相手が同じ話を何度も繰り返すようなときでも、「ところで」といった「転換」のあいづち言葉が出ない | □ |
| 17 | 相手の話の「重要ポイント」について「メモ」を取りながら話を聞くことができない | □ |
| 18 | 相手の話の「キーワード」について、その場で相手の言葉を使ってオウム返ししていない | □ |
| 19 | 不明な箇所があったとしても、その場で「質問」や「確認」ができない | □ |
| 20 | 自分と違う意見に出会うと、頑と構えて聞く耳を持とうとしない | □ |

**◆上記チェックでYESの項目が……**

**○16～20の人**　：かなり重症の聞き下手。早急に改善する必要あります。

**○11～15の人**　：ほとんど人の話が聞けていない可能性が高いと思われます。意識して良い聞き手を目指しましょう

**○6～10の人**　：改善項目を具体的に絞って、お客さま本位の、より良い聞き手を目指しましょう！

**○6以下の人**　：かなり良い聞き手と言えますが、さらにステップアップし、お客さま本位で、お客さま満足度が高い、最高の聞き手を目指しましょう！

# 日常の聞き方・聴き方 20のチェックポイント

本章で学んだヒアリングの基本について、皆さんが日常の仕事や生活の中でどの程度できているか、本章の復習の意味も込めて、下記のチェックリストで確認してみましょう。

それぞれの項目について、自分が当てはまると思ったらチェックしてください。

1. 相手から、前に聞いた話が繰り返し出た際には、「それはもう聞きました」と相手の話を途中で遮ってしまう □
2. ついつい「自分に都合の良いように」話を聞いてしまうことが多い □
3. 同じ質問をされると、相手のことを「理解度が低い」と思い込んでしまう □
4. 「自分が話すこと」でいつも頭がいっぱいで、相手の話を十分に聞けていない □
5. 集中して聞こうとするあまり、「相手の目」を見て話が聞けていない □
6. ポイントとなる言葉をその場で繰り返さず、「はい」「ええ」などと返事をしてしまう □
7. 相手の話をしっかり聞くというより、「自分が話したいほう」である □
8. 説明の時は「自分が何をどう話すか」ということで頭がいっぱいになる □
9. 相手を「説得」したいときには、ほとんど自分が話してしまう □
10. 人の話を聞くときに、「聞くときの態度・表情」はあまり気にしない □

Chapter 3

# お客さまの想いを引き出す「訊き方」をマスターする

# 1 お客さま自身も気づいていない潜在ニーズを訊き出そう

先ほどChapter 1で、金融機関の営業でありがちなヒアリングの問題点として、ヒアリングシートありきの聞き方を取り上げました。そこでも述べたように、そもそもヒアリングシートは、目の前の資金についてお客さまの意向・ニーズを確認する〝お金フォーカス〟の内容になっています。

これに対し、**お客さま本位のコンサルティングを実践するためには、目の前の資金ではなく、目の前のお客さまについて話を聞くことが必要です**。お客さまの現状とニーズを聞き、それを確認・共有することから始まる〝お客さまフォーカス〟なヒアリングを心掛けましょう。

では、お客さまのニーズとはそもそもどのようなものでしょうか。例えば、お客さまが「クルマが欲しい」と言えば、これは明確なニーズです。こうした表にはっきりと現れたニーズを〝**顕在ニーズ**〟と言います。

一方、「クルマが欲しい」という〝顕在ニーズ〟の裏には、もう一つ、顕在化していないニーズが隠れていることが多いものです。これを〝**潜在ニーズ**〟と言います。

ある主婦が「クルマが欲しい」と思い、カーディーラーを訪ねたところ、ちょうど新車発表会でキャンペーン真っ最中でした。担当者は早速新車のカタログを持ってきて小型ハイブリットカーの説明を始めますが、主婦は上の空です。小型ハイブリットカーは「クルマが欲しい」という〝顕在ニーズ〟は満たしているはずですが、どうも納得いかないようです。

担当者は省エネを追求したエンジンの燃費の良さについて一生懸命説明していますが、見るに見かねた上司が主婦に尋ねます。「奥さまは、お探しのクルマをどのようなご用途で使われるのでしょうか？」。主婦はキッズコーナーで父親と一緒に遊んでいる2人の男の子を見つめ「子供達はマンション暮らしで自然と触れる機会が少ないから、家族でキャンプに行って自然の中を思いっきり走り回らせてあげたいの。そして、バーベキューや満天の星空を見上げてキャンプファイヤーを体験させてあげたいの」ということでした。上司は本当のニーズである〝潜在ニーズ〟を聞き出すと、収納が多く取れて、シートを倒せばフルフラットになるワンボックスカーを案内しました。主婦は満面の笑みで早速試乗してみたいとおっしゃられました。

この場合、主婦は、「クルマが欲しい」という明確な〝顕在ニーズ〟を口にされていたわけですが、クルマなら何でもよいというわけではなく、頭の中では、車で出かけるオートキャンプをイメージしていたのです。それは、テントやバーベキューセット、クーラーボックス等をたくさん積み込んで青空の海や山へと向かってドライブを楽しんでいる家族のイメージです。これが、お客さまの無意識の中に潜在している本当のニーズなのです。

**〝お客さまフォーカス〟な「訊き方」では、お客さまが口にされる〝顕在ニーズ〟だけではなく、その裏側に〝潜在ニーズ〟があることを意識することが大切です。**そして、その〝潜在ニーズ〟は、お客さまご自身が気づいていないこともあります。

**良い「訊き方」とは、お客さまがご自身の〝潜在ニーズ〟に気づくような質問を投げかけること**なのです。

## 「顕在ニーズ」の裏にある「潜在ニーズ」に意識を

# 2 お客さまの本音を確認する技術

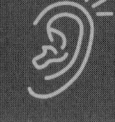

ここからは、どのような訊き方をすればお客さまの想いを引き出すことができるのか、前項で使った言葉を繰り返せば、どうすればお客さまの潜在ニーズを引き出せるのか、そのための「訊き方」のポイントを見ていくことにします。

一口に「お客さまの想いを引き出す」と言っても、そう簡単なことではありません。コミュニケーションの技術の中でも、これは相当に難易度の高い分野だといえます。

というのも、人の想いや気持ちというのは目に見えないからです。言葉では、「こんな希望があります」「こんなふうにできたらと思っています」と言っても、本当にそう思っているかどうかはわかりません。あまり考えもせずに適当なことを言っているだけかもしれませんし、実際と異なることを見栄で言っている場合もあるでしょう。

話を早く終わらせようと、その場を適当に収めるような発言をしているだけかもしれません。

ですから、お客さまの本当の想いを引き出そうと思ったら、**表面的な言葉にだけとらわれるのでなく、その言葉の裏にある本音を引き出すような質問を重ねていく**ことが必要となります。

また、さらに言うと、お客さま自身が自分の本当の想いに気づいていない場合もありますから、**お客さまが自分の気持ちに気づくような質問をする**ことも大切です。

では、そのためにはどうすればいいか。Chapter 2で述べたこととも重なりますが、まずは、**話をしているお客さまの様子をよく観察することが必要**です。表情や態度、語調などに注意し、気になったことがあれば、例えば、

「いま、何か少し言いにくそうでしたね」

「いつものお客さまらしからぬご発言だと思ったのですが…」

といった投げかけをしながら、さらに訊き出していく。そうすると、

「実はね…」

と、本音をポロっと話してくれることもあります。

また、次のようなフレーズを用いて質問することで、お客さまの本当の気持ちを引き出せることがあります。

**①「…ということは、…ということですね」**

**②「逆に…ということはありませんか」**

**③「最終的には…ということですか」「次は…ということになりますか」**

①は**お客さまの話を言い換える質問**で、②は**視点を変える質問**です。③は、**聞いた話の次の段階をこちらから提示**しています。こうした質問をすることで、お客さまから、

「いや、そうなんです！　実は…」

「まあ、実はそうなんだけどね」

といったように、本心を示す話を引き出せることがあります。

## お客様の本当の気持ちを引き出すにはこんな問いかけを

### ①お客さまの話を言い換える

### ②視点を変える質問をする

### ③聞いた話の次の段階を提示する

# 3 お客さまが答えやすい質問から入る

ヒアリングをスムーズに進め、お客さまにご自身の状況や想いを気持ちよくお話しいただくには、答えやすい質問から入ることが大切です。どんな質問が、お客様には答えやすいのか。ポイントをいくつか挙げてみましょう。

## ❶考えを訊くのでなく、事実を訊く

資産運用や資産形成についてどのような考えを持っているか、ということは、お客さまへのコンサルティングを行うにあたり、もちろん訊くべき重要なポイントです。しかし、いきなりそんな質問をしても、お客さまは答えることができません。多くのお客さまは、そんなことを普段考えたこともないでしょうから、簡単には答えられま

せん。

「考え」に比べ、答えやすいのは「事実」です。**ご家族のことや、ご本人のお仕事や趣味についてなど、考えなくてもすぐに答えられる質問から始める**のがヒアリングのコツです。

## ❷最初に過去や現在について質問する。未来に関する質問はそのあと

「考え」についての質問が、答えるのに難易度が高いのと同じように、「未来」についての質問も、なかなか答えにくいものです。

将来のライフプランなどはヒアリングの必須項目ではありますが、いきなり将来についての質問をしても、お客さまはなかなか話に付いてこられません。お客さまが話しやすいのは、過去や現在についての話です。

「この地域にはもう長くお住まいなんですか」

「ご出身はどちらなんですか」

「ゴルフがご趣味と伺いましたが、もうキャリアは長いのですか」

「定年を迎えられたとのこと。長い間お疲れさまでした。これまでご苦労もあったのでしょうね」

など、**過去や現在の話から入り、話を盛り上げていきながら、未来の話につなげていく**のがスムーズです。

## ❸お客さまが自慢したいと思っているであろうことを質問する

お客さまに気持ち良くご自身のことをお話しいただくには、お客さまが自慢に思っているであろうことを意識的に質問するのも方策です。

子どもさんが難関の学校に合格したお客さまであれば、

「すごいですね。どのくらいの倍率だったのですか」

「あの学校に合格するのですから、小さな頃から優秀だったのでしょうね」

など、その学校のことや子どもさんのことを質問し、話を盛り上げます。

あるいは、ブランドもののバッグを持たれたお客さまには、

## 最初はお客さまが答えやすい質問から

○

ご本人の仕事や趣味に関する質問、
現在や過去についての質問は答えやすい。

---

×

「考え」についての質問や、未来についての質問は、
答えるのが難しく、はじめに行う質問にはふさわしくない。

「そのバック、〇〇（ブランド）のものですよね。素敵ですね。なかなか手に入りにくいものなのではないですか」

といったように話を振ります。

こうして、**お客さまが話したいであろうことを質問することで、会話を弾ませ、心を開いていただき、いろいろなお話をしていただける土壌をつくる**わけです。

# 4 オープン質問とクローズド質問を使い分ける

次に、質問の「基本のき」の代表的な技術として、**「オープン質問」**および**「クローズド質問」**と呼ばれる質問の仕方をご紹介します。

オープン質問は「全体質問」とも言われ、「……についてどう思いますか？」「…についてはどうされるご予定ですか？」というように、相手が自由に答えられる、回答の幅が広い質問を言います。

これに対してクローズド質問とは、限定質問とも言い、「○○と△△ではどちらがいいですか？」というように選択肢を挙げて、そこから選んでもらったり、「…については…でしたね」といった、「はい」「いいえ」で答えられる質問のことです。

この2つの質問方法には、それぞれメリット・デメリットがあります。

まず、「……についてどう思いますか？」というようなオープン質問をすると、答える側はいろいろなことが考えられるため、伸び伸びと自分の考え方を人に伝えやすくなります。結果、質問した側からすれば、**自分が想定していた以上の情報を得ることができたり、相手の人となりや興味・関心事などについて、これまで知らなかったことも含めて、幅広く知ることができる**というメリットもあります。

ただし、その一方で、自由に回答ができるということから、会話の主導権が答える側（質問される側）にわたってしまうため、話がとりとめのない方向に進んでしまったり、ヒアリングの時間が長くなってしまうこともあります。

また、質問する側と答える側の間の関係性が不十分だったり、答える側が口下手だったりした場合には、思うように話が訊き出せず、必要な情報が得られないということにもなりかねません。

一方、クローズド質問は、「白か？黒か？」のように相手に選ばせる質問の仕方なので、訊かれたほうは比較的簡単に答えることができます。したがって、**答える側が口下手だったり、質問する側と答える側の間の関係性が不十分な状態でも、答えてもらいやすい**というメリットがあります。

ただし、オープン質問に比べ、会話は広がりにくく、得られる情報も想定の範囲に

## オープン質問とクローズド質問

| | |
|---|---|
| オープン質問 | **メリット**<br>◉自分が想定していた以上の情報を幅広く得られる可能性がある。<br>**デメリット**<br>◉話がとりとめのない方向に進んでしまったり、ヒアリングの時間が長くなってしまうことがある。<br>◉答える側が口下手の場合は、思うように話が聞き出せない。<br>**適した相手**<br>◉よく話す、饒舌な相手に有効。 |
| クローズド質問 | **メリット**<br>◉聞かれた側が、比較的簡単に答えられる。<br>◉相手が口下手だったり、関係性が不十分な状態でも答えてもらいやすい。<br>**デメリット**<br>◉会話が広がりにくく、想定以上の話を引き出すのは難しい。<br>◉長く続けると尋問のようになってしまう。<br>**適した相手**<br>◉口が重い相手に有効。 |

限られるというデメリットはあるわけです。

また、クローズド質問を長く続けると、尋問のような感じになってしまい、相手に圧迫感を与えてしまう危険性もあります。

このようなメリット・デメリットのあるオープン質問とクローズド質問ですから、ヒアリングにおいては、相手や状況に応じて、両者をいろいろとミックスしながら使い分けていく必要があります。

**使い分けの一つのポイントは、相手が饒舌かどうか**です。よく話す相手であれば、オープン質問を多用することで、相手はどんどん話してくれ、情報を得ることができます。逆に口が重い相手であれば、まずはクローズド質問から始めるとよいでしょう。そのうえで、相手の気分がほぐれてきたところで、オープン質問を行っていくという展開をおすすめします。

# 5 お客さまの答えを定量化・具体化する

私が研修や講演でよく皆さんにお話しすることの一つに、「話し言葉というのは、独り善がりの定性表現が多く、自分だけが納得して、実は相手に全く伝わっていないことが多い」ということがあります。

ところが、とくに日本人の場合、そうした曖昧な話に対し、質問することもなく、曖昧なままにしておくことがほとんどなんですね。日本人の国民性と言ってしまえばそうなのですが、このことは、ヒアリングの質を高めるという点から考えると、大きな問題だと言えます。

例えば、次のような答えがお客さまから返ってきたとします。

「積立もそのうち始めたいと思っています」

「ある程度は貯蓄したいですね」

「投資信託を始めたのはかなり前です」

いずれも、お客さまの意向や情報を示してはいますが、どれも具体性がありません。

・「そのうち始めたい」↓いつから始めたいのか
・「ある程度は貯蓄したい」↓ある程度とはいくらくらいか
・「始めたのはかなり前」↓かなり前とはいつか

というように、**話の内容をより具体化しないと、それを的確なコンサルティングにつなげていくことはできません。**

ここに挙げた「そのうち」「ある程度」「かなり」のほかにも、「しょっちゅう」「すごく」「もうちょっと」「当分の間」「あと少し」「何か」などなど、話し言葉の中には、定性的な表現が数多く出てくるはずです。そうした言葉に対しては、それを**定量化・具体化する質問を行う**ようにしましょう。

「もうちょっと利回りがほしい」と言われたら、「具体的にはどのくらいの利回りがご希望でしょうか」と質問する。

「孫はまだ小さいですから」と聞いたら、「おいくつなんですか」と年齢を確認する。

そういった習慣をつけるようにしましょう。

さて、ここであなたは一抹の不安を抱いたかもしれません。どのような不安かと言いますと、「あまり細かく質問をすると、お客さまに、〝責められている〟というように受け取られないだろうか？」という不安です。

たしかに、「いつからですか？」「どのくらいですか？」「どんなことですか？」等々、矢継ぎ早に質問されたりすると、「責められている」と感じてしまうお客さまもいるかもしれません。

しかし、こうした質問は、お客さまに対する興味や関心の表れであり、真摯な想いの表れと言えるでしょう。

ですから、質問の仕方としては、お客さまに〝責められている〟と感じさせないように、「お客さまのご要望・お考えをより正確に理解するためにお尋ねしますが……」など、お客さま本位を強調するように訊くとよいです。そうして、工夫は必要ですが、できるだけお客さまの話は定量化・具体化するようにしましょう。

**お客さまの話を定量化・具体化する質問を行うには、いわゆる「5W2H」を意識するとよい**と思います。

皆さんがよく耳にするのは「５Ｗ１Ｈ」かもしれませんが、私はこれにＨをもう一つ足して、以下の「５Ｗ２Ｈ」を確認する大切さをいつもお話ししています。

・When（いつ）
・Where（どこで）
・Who（誰が）
・What（何を）
・Why（なぜ）
・How to（どんな方法で）
・How much（どれくらいの時間、どれくらいの金額など）

「ビジネスは常に具体的である！」という言葉があります。家族や友人との日常会話ならともかく、ビジネスの場、コンサルティングの場での会話においては、この「５Ｗ２Ｈ」を具体化することを意識するようにしてください。

## あいまいな話には、定量化・具体化する質問を

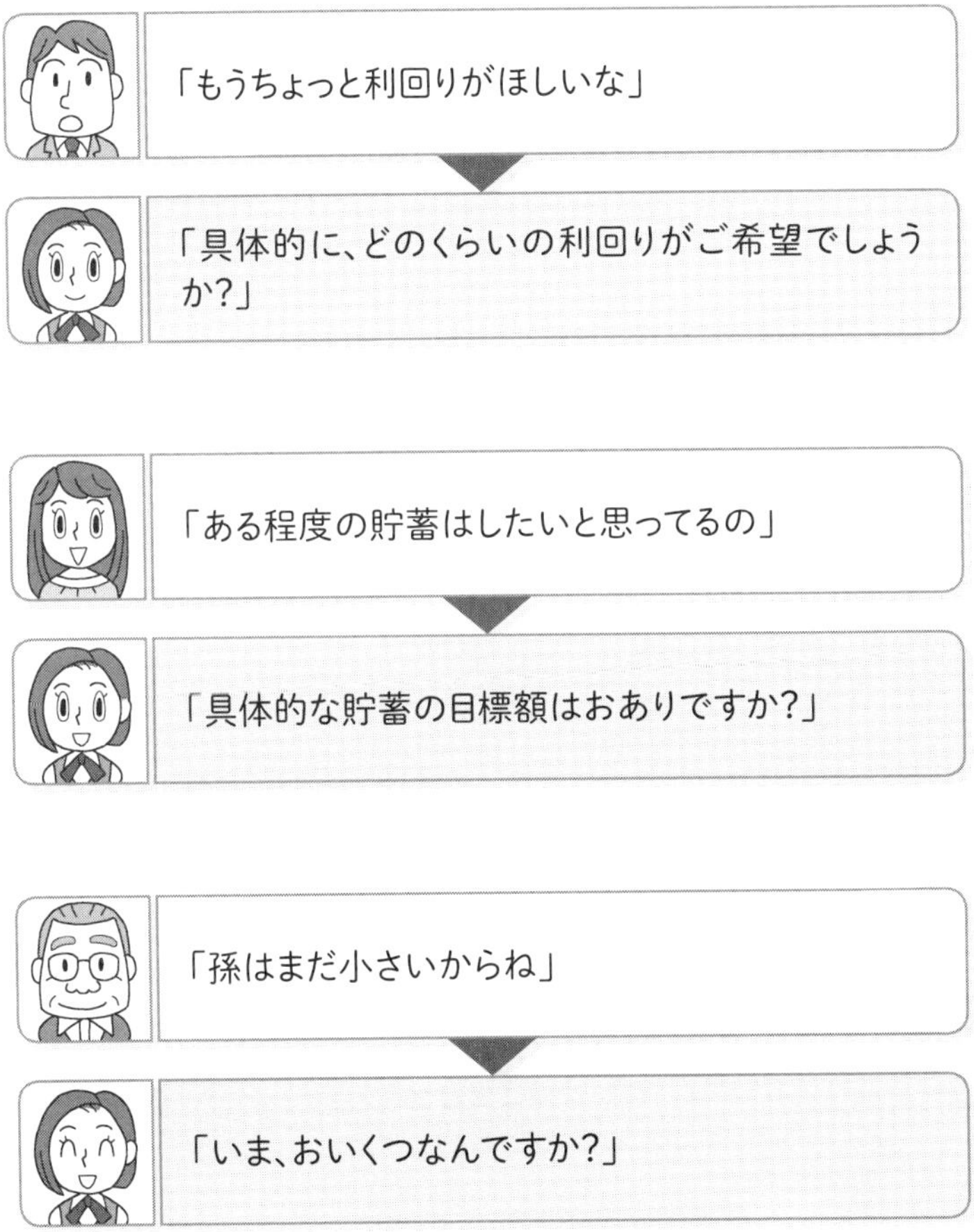
「もうちょっと利回りがほしいな」

「具体的に、どのくらいの利回りがご希望でしょうか?」

「ある程度の貯蓄はしたいと思ってるの」

「具体的な貯蓄の目標額はおありですか?」

「孫はまだ小さいからね」

「いま、おいくつなんですか?」

# 6 自分自身のことを話してみる

お客さまに、心を開いてご自身のことを話していただくために有効な方策の一つが、「まずは自分自身のことを話す」ということです。

例えば、こんな場面を想像してみてください。新幹線で隣に座った人に、こんな声をかけたとします。

「私、大阪まで行くのですが、失礼ですが、どちらまでいらっしゃるのですか」

おそらく相手の人は、「私は京都までです」などと、ふつうに答えてくれるでしょう。

これに対し、自分がどこまで乗車するのかを言わずに、いきなり「どちらまで行かれるんですか」と訊いたとしたらどうでしょう。きっと相手の人は、「どうしてそんなこと、あなたに言わなくてはいけないのか」と、怪訝な表情になるのではないでしょうか。

今の話は一つの例ですが、金融機関の皆さんが窓口でお客さまと話をする際にも、まずは自分の話をすることによって、お客さまもスムーズに話をしてくれるというのはよくあることです。

「私の実家は、もう築50年以上になっていて、もうそろそろ建替えかなという話になっているのですが、お客さまのご自宅は築どのくらいになられるんですか」

「うちの父親は来年定年なんですが、会社をやめたら、趣味を持ちたいなんて言っています。お客さまは、定年後のご生活については何かお考えですか」

「私の母親はお客さまと同じ年齢なんですが、最近は、ひざの関節が相当痛いようなんです。お客さまはいかがですか」

といったたように、**お客さまに質問する前に、まず自分のこと（あるいは自分の家族のこと）を話す**。それによって、お客さまもご自身のことを話してくれやすくなるはずです。

# 7 他のお客さまの「共通例」を出してみる

ヒアリングにおいて、お客さまが話しやすくなる工夫の一つに、そのお客さまにも共通する他のお客さまの事例（共通例）を出すということがあります。

「教育資金の目途が立ったら、今度は老後資金について考えたいというお客さまは多いですね。○○さまはいかがですか」

「税金が有利になる制度ということで、ＮＩＳＡに関心を示されるお客さまが増えています。△△さまは、ＮＩＳＡにはご興味ございませんか」

といったように、前振りとして「多くのお客さまがそうなのですが…」という話をすることで、そこからの質問もしやすくなり、お客さまの関心も引きやすくなります。

また、**他の人も同じだという話は、お客さまによっては、安心感を与え、心を開いて話をしてくれやすくなる**という効果ももたらします。

共通例を出すことでお客さまに安心を与え、話が訊きやすくなる

もちろん、こちらが示した共通例に対し、「私はそうじゃない」「皆さんはそうかもしれないけど、私は違う」と、否定的な答えをするお客さまもいらっしゃるでしょう。ただ、それはそれで、お客さまの考えをお聴きする絶好のチャンスとなります。**「○○さまはどのようにお考えなのでしょう」と質問し、お話を伺えば、そのお客さまのことがより理解できるようになります。**

# 8 「将来」をイメージさせ、気づきを与える

金融機関のコンサルティングでは、お客さまに資産運用や資産形成に対する〝気づき〟を得てもらうことがとても大切です。それこそが「お客さま本位のコンサルティング」だといえます。では、どうすれば、お客さまに〝気づき〟を与えることができるのでしょう。

人が新たな〝気づき〟を得る時というのは、「将来がイメージできた時」ではないでしょうか？

例えば、「このまま行くと、定年後10年程度で金融資産は底をつく」ということがイメージできたお客さまは、「そうならないように、今から何か手を打つ必要がある」という気づきを得るはずです。明確なイメージを持つことはできなくても、老後の生活資金について考えてもらうだけでも、気づきを得ることはあるでしょう。

ですから、お客さまからのヒアリングにおいても、**お客さまに「将来」をイメージしてもらえる質問をすることで、お客さまの気づきに近づくことができます。**

「将来」をイメージしてもらうには、たとえば次のような質問をしてみるといいでしょう。

## ❶お客さまの将来の計画について質問する

例えば、退職後の生活について、どのような計画を持っているかを質問し、イメージを膨らませてもらいます。それでその答えが、

「2年に1回くらいは、夫婦でのんびり海外旅行がしたいなあ」

ということであれば、そのためにはどれくらい費用がかかるかという話をすることから、老後生活資金のキャッシュフローの話につなげることで、老後資金の準備に対する気づきをお客さまに与えることができます。

**退職後の生活、子どもの成長、住宅の購入や増改築など、将来をイメージさせる質問は、お客さまの気づきにつながります。**

## ❷具体的な数字を示して質問する

例えば、「いま政府は物価上昇を目指していますが、仮に2％物価が上がるとすると、一般のご家庭でどのくらい負担が増えると思われますか」といった質問をします。答えは、「年間５００万円の生活費の家庭の場合で、約10万円の負担増」といったことになりますが、**こうして具体的な数字により、今後の家計の負担増をイメージしてもらいます**。それにより、インフレに強い資産を持つことへの気づきを得てもらうのです。

このほかにも、お子さんのいるお客さまであれば、教育費について、「いくらくらいかかるかご存知ですか？」といった質問をし、そこから具体的な数字を示すことで、将来必要になる教育費についての気づきを与えることができるはずです。

## 将来をイメージさせ、お客さまに気づきを与える質問

| ❶お客さまの将来計画に関する質問 |
|---|
| （例）<br>◉退職後の生活について<br>◉お子さまの成長について<br>◉住宅の購入や増改築について　など |
| **❷具体的な数字をたずねる質問** |
| （例）<br>◉「物価が２％上がると、一般のご家庭でどのくらい負担が増えると思われますか？」<br>◉「お子さまが高校から大学まで私立に行った場合、どのくらいの教育費になると思われますか？」 |

ケーススタディ

# 9 「は・ひ・ふ・へ・ほ」で訊き出すお客さまの潜在ニーズ

私たちに求められている「お客さま本位の提案」とは、ご自身も気づいていないお客さまの潜在ニーズを訊き出し、その想いを叶えるための最適な商品・サービスをご提案することです。

お客さまの潜在ニーズを引き出し、把握するためには、まずはお客さまの現状についてよく知らなければなりません。その際、私が皆さんにおすすめしているのが、**「は・ひ・ふ・へ・ほ」をキーワードとしたヒアリング**です。

「は・ひ・ふ・へ・ほ」とは次のとおりです。

① **「は」**…ハウス（生活・暮らし向きなど）

② **「ひ」**…ヒストリー（経歴・知識・経験・資産状況など）

③ **「ふ」**…ファミリー（家族など）
④ **「へ」**…ヘルス（健康など）
⑤ **「ほ」**…ホープ（今後の生活設計・ライフプランなど）

この「は・ひ・ふ・へ・ほ」を念頭に置いて質問をしていけば、お客さまの現状とニーズ・想いを網羅的に訊くことができるようになります。

そして**訊き出した「は・ひ・ふ・へ・ほ」の情報をヒントに、お客さまの本当のニーズである〝潜在ニーズ〟が何なのか仮説を立てて、ニーズ・想いを想定し、探っていく**のです。

ここで、大切なことを二つ挙げておきたいと思います。

まず一つ目は、ニーズ・想いというのは前向きな願望だけではないということ。特にご高齢のお客さまの場合、現状への不満や将来に対する不安・心配を抱えており、この**不満・不安や心配を解消することが本当のニーズ・想いになることもあります。**

もう一つ大切なことは、**お客さまのニーズ・想いは一つではない**ということ。お客さまはたくさんのニーズ・想いをお持ちです。その前提で、探っていきましょう。

では、ここからは、お客さまの「は・ひ・ふ・へ・ほ」の情報を訊き出すヒアリング例を、ここまでに学んだ「聞き方」のポイントを示しながら見ていくことにします。

## ❶は(ハウス・House)
### …生活・暮らし向きなど

お客さまからヒアリングを行う場合、その取っ掛かりには、お客さまカードに書かれた情報を使うといいでしょう。お客さまカードには、お客さまとの取引に係る様々なヒントがちりばめられています。

まずはお客さまカードを活用して、「は（ハウス・House：生活・暮らし向きなど）」の情報から収集していきましょう。最初に、住所をヒントに住居に係る情報を訊いてみます。

**担当者**：佐藤さま、現在ご登録いただいております内容について、いくつかお伺いさせていただいてもよろしいでしょうか？

**佐藤**：ああ、構わないよ。

**担当者**：今のお住まいは○○市緑ケ丘1丁目2－3で間違いございませんか？

**佐藤**：ああ、間違いないよ。

**担当者**：緑ケ丘は素敵な住宅街ですよね。もう長くお住まいなのでしょうか？

**▼共感のあいづち**（「素敵な住宅街ですよね」）**＋定量化する**（居住年数を聞く）**＋過去についての質問から始める**（「もう長くお住まいなのでしょうか？」）

**佐藤**：そうだな、かれこれ40年になるのかな？

**担当者**：40年ですか。それは40年前にご自宅を購入したということですか？

**▼オウム返し**（40年）**＋クローズ質問で住宅の取得について訊く**

**佐藤**：そうだね、その頃はちょうど緑ケ丘の開発が始まった頃だったからね。下の子供が生まれたばかりで、環境の良いところで子育てしようと思って購入したんだ。

**担当者**：当行とのお取引もちょうど40年前からとなっておりますが、同じ頃なのでしょうか？

▼**クローズド質問で取引年数を訊く**

**佐藤**：そうだね。ここの支店もその頃新規出店して、住宅ローンもお宅で組んでもらったんだよ。

**担当者**：そうだったのですね、それはどうもありがとうございます。そのローンはもう完済されたということでよろしいですか？

▼**感謝**（「ありがとうございます」）**＋具体化する**（クローズド質問で住宅ローン返済状況を訊く）

**佐藤**：ええ、退職金で完済しましたよ。

**担当者**：長い期間のご返済ありがとうございました。それで、退職された後は何かお仕事を続けていらっしゃるのですか？

▼**感謝**（「ありがとうございました」）**＋具体化する**（クローズド質問で退職後の仕事について訊く）

**佐藤**：しばらく嘱託の仕事をしていたけど、65歳で完全リタイア。今では毎日が日曜日ですよ。

**担当者**：私が担当させていただいておりますお客さまにも毎日が日曜日を楽しんでいらっしゃる方がたくさんいらっしゃいますよ。佐藤さまはいかがですか？

**▼共通例を示す**（「たくさんいらっしゃいます」）**＋具体化する**（オープン質問で生活状況を訊く）

**佐藤**：そうだね。楽しみといえば時々行くゴルフくらいかな。

**担当者**：ゴルフはよくコースに出られるのですか？

**▼お客さまが話しやすそうな話題を振る**（趣味のゴルフの話）**＋定量化する**（コースに出る回数を訊く）

**佐藤**：昔の同僚のグループと学生時代の仲間で行くくらいだから、月2回ってところだね。

**担当者**：親しい人たちで行くゴルフは楽しいですよね。話は変わりますが、今はお子さまもご一緒に同居されていらっしゃるのですか？

**▼共感のあいづち**（「楽しいですよね」）**＋転換のあいづち**（「話は変わります

が」）**＋具体化する**（クローズド質問で子どもの同居を訊く）

**佐藤**：子どもたちはもう家を出ていきましたから、今は女房と二人っきりですよ。

**担当者**：お二人ですと少し寂しかったりするのではないでしょうか？

**▼オウム返し**（「お二人ですと」）**で具体化する**

**佐藤**：いえいえ、こっちも歳だから、賑やかなのは正月だけで十分ですよ。

**担当者**：正月には皆さんお集まりになるのでしょうか？

**▼オウム返し**（「正月には」）**で再確認する**

**佐藤**：そうだね、正月には皆集まるけど、孫達も赤ちゃんじゃなくなるとリビングとかが狭くなってきてね、困っているんだよ。

**担当者**：そうですよね、お孫さんも毎年大きくなってきますからね。お子さんが家を出られてリフォームしたという話をよく聞きますが、佐藤さまもお考えでしょうか？

**▼同調のあいづち**（「そうですよね」）**＋共通例を示して**（「話をよく聞きますが」）**リフォームについての考えを訊く**

**佐藤**：そうだね。リビングもそうだけど、古い家だから段差ばかりで結構危ないんだ。一階は広いリビングキッチンにして、フラットで孫たちが走り回れるようにしたいね。それに手摺とかも付けておかないといけないな。

**担当者**：お話をお伺いしていますと、結構大きなリフォームになりそうですね。

**▼整理のあいづち**（「お伺いしていますと」）**＋気持ち**（リフォームしたい）**を再確認する**

**佐藤**：そうだな。どうせやるのなら一度にやってしまいたいからね。

**担当者**：確かにそうですね。

## ヒアリングのポイント

**CIF情報を手掛かりに質問し、お客さまの話を深掘りすることで幅広く情報を収集します。**

ここでは、お客さまが話しやすいであろう話題（いつからこの地域に住んでいるのか）から入り、取引開始が40年前になっているという情報をヒントに、住宅ローンから取引を開始した状況を訊き出しています。

退職金で住宅ローンを完済したということから、退職後の生活について確認。月2回のゴルフを楽しむ現在の生活状況を訊き出しました。

そこから話をお子さんたちの話に転換、お孫さんがいらっしゃって正月には集まるという話題から、自宅のリフォームを検討しているという情報をつかむことができています。

## ❷ひ（ヒストリー・History）
### …知識・経験・保有資産（金融資産・不動産等）など

「は（ハウス・House：生活・暮らし向きなど）」で得られた情報をヒントに、佐藤さんのヒストリー、どのような経験を積まれてきているのかを情報収集していきましょう。まずは住宅購入前のことから佐藤さんの歴史について訊いてみます。

**担当者**：ところで佐藤さま、40年前に今のお宅を購入されたということですが、佐藤さまはもともと、こちらのご出身なのでしょうか？

**▼転換のあいづち**（「ところで」）**＋具体化する**（クローズド質問で出身地を訊く）

**佐藤**　：いえ、違いますよ。出身は○○県の山奥の田舎です。言ってもわからないと思うけど。

**担当者**：○○県のご出身ですか。それでしたら、どのようなご縁があって緑ケ丘に住居を購入されたのか教えていただいてもよろしいでしょうか？

**▼オウム返し**（○○県）**で再確認＋転換のあいづち**（「それでしたら」）**＋具体化する**（オープン質問で住宅購入の経緯を訊く）

**佐藤**　：ご縁というか、地元の△△大学からこれまた地元の□□産業に就職したわけだけど、下の子どもが生まれる頃にこっちに転勤になって、ちょうど緑ケ丘の分譲広告が目に入ってね、お宅で住宅ローンも組んでもらえたので思い切って購入したんですよ。

**担当者**：そうだったのですね。この支店は、佐藤さまのように緑ケ丘の開発時に住宅ローンをきっかけにお客さまになっていただいた方が多いのですよ。

**▼同意のあいづち**（「そうだったのですね」）**＋共通例を示す**（住宅ローンをきっかけにお客さまになった方が多い）

**佐藤**：まあ、大きな住宅街だからそうなんだろうね。あの頃は開発が盛んでどんどん街並みが広がっていったからね。幼稚園から小学校、中学校とどれも新設されたものだったし、そもそも昔から住んでいる人もいなかったから、地域のコミュニティも、ほぼ同年代の人たちと新しく一緒に作っていけたから楽しかったですよ。

**担当者**：たしかに楽しそうですね。それでは、会社にはずっとご自宅から通われていたのですか？

**▼共感のあいづち**（「たしかに楽しそう」）**＋具体化する**（クローズド質問で勤務地を訊く）

**佐藤**：そうだね、何回か異動はあったけど幸いにここから通うことができたからよかったですよ。ただ60歳で嘱託になってからは5時には仕事が終わるようになって、時間もできたので株式教室に通ったりしましてね、株式運用を始めたんですよ。持株会で購入していた□□産業株も結構値上がりしていたものだから、それを原資にしてね。

**担当者**：そうだったのですね。確かに投資経験欄にも株式運用経験10年以上となっていますね。

**▼同意のあいづち**（「そうだったのですね」）**＋具体化する**（お客さまカードの情報とお客さまの話を結び付け、株式運用経験を確認する）

**佐藤**：そうなんですが、素人がにわか仕込みで勉強しても上手くはいかないですよね。最初の頃はITバブルで儲けも出たけど、相場が崩れると怖くなってね、損の無いところでいったんすべて手じまいして、ここの定期預金に預けて大人しくしていたんです。

**担当者**：そうなのですね。現在は当行にも投信をお預けいただいていますが、再度投資を始められたのは、何かきっかけがあったのですか。

**▼同意のあいづち**（「そうなのですね」）**＋具体化する**（投信購入の経緯を訊く）

**佐藤**：そうそう、定期預金に預けていたのだけど、ちょうど政権交代があって東京オリンピックも決まった頃かな、そろそろかなって思って前の担当の方と相談して、日本株と、ちょっと冒険だったけどアメリカ株式に分散して投信を買ったんですよ。

**担当者**：そうだったのですね。いいタイミングで運用を始めることができてよかったですね。

**▼同意のあいづち**（「そうだったのですね」）**＋共感のあいづち**（「よかったですね」）

**佐藤**　：株も為替も、だいぶよいところに来ているような気もするから、そろそろ考えないとね。

**担当者**：そうですね。

## ヒアリングのポイント

自分の聞きたい事柄だけを項目順に聞いていくと尋問のようになってしまい、お客さまに不快感を与えてしまいます。お客さまの話を深掘りしたり広げたりして自然に質問ができるよう工夫が必要です。

ここでは「ハウス」で確認した自宅購入の情報から○○県の出身であることを聞き出しました。併せて□□産業に勤めて転勤で緑ヶ丘に来られた経緯もわかりました。

お客さまカードの「株式投資経験年数10年以上」という情報とお客さまの話をマッチングさせ、お客さまのこれまでの株式投資の経験についても訊くこともできています。さらに、自行で現在、日本株とアメリカ株の投資信託をご購入いただいているということから、その話を振り、再度投資を始められた経緯も訊き出すことができました。また、いまお持ちの投資信託はある程度まで値上がりしており、運用の見直しも検討していることもわかりました。

このように、お客様からのヒアリングの際には、**お客さまカードに書かれた情報や、取引情報を常に頭に入れておき、お客さまの話と情報を結びつけていくことが大切**です。

皆さんからすると「ヒストリー」はお客さまの昔話でもあり、繰り返し聞かされると退屈で〝また昔話か〟と感じるかもしれませんが、本Chapterの③で確認したとおり、**ヒアリングをスムーズに進めるためにはお客さまが答えやすい事実や過去の質問**

**から入ることが重要**です。お客さまには過去があって現在があるのです。ニーズ・想いは突然湧き上がるものではなく、お客さまの長い人生経験の中で培われて醸成されてくるものです。子どもがいるから孫がいるというように、**「ヒストリー」が未来の質問の大きなヒントになってくる**のです。

## ❸ふ(ファミリー・Family)
## …家族など

「ハウス」で生活と暮らしぶり、「ヒストリー」で生い立ちからこれまでの人生と投資経験についてお伺いすることができました。ここまでの会話をヒントにファミリー(家族など)について訊いていきます。

**担当者**：話は戻りますが、先ほどのお話ですと、下のお子さまが生まれた頃にご自宅を購入されたとおっしゃられましたが、お子さまはお2人で間違いございませんか？

**▼転換のあいづち**（「話は戻りますが」）**＋定量化する**（クローズド質問（「お子さまは2人」）で子どもの人数を訊く）

**佐藤**：そう2人ですよ。

**担当者**：お2人ですね。お子さまは男性女性どちらでしょうか？

**▼オウム返し**（「お二人ですね」）**＋具体化する**（クローズド質問で子どもの男女を確認する）

**佐藤**：上から男、女です。

**担当者**：家系図に書き出してもよろしいですか。佐藤さまと奥さまがいらっしゃって、お子さまが男、女の2人ですね。佐藤さまは現在70歳で、あと奥さまとお子さまのご年齢をお伺いしてもよろしいでしょうか。

**▼メモ**（家系図への書き出し）**の承諾を得る＋定量化する**（家族の年齢を訊く）

**佐藤**：女房が67歳で、子どもが44と40かな。

担当者：ありがとうございます。奥さまが67歳、長男さまが44歳、長女さまが40歳ですね。それで、お子さまはご結婚されていらっしゃるのでしょうか？

▼**感謝**（「ありがとうございます」）**＋具体化する**（オウム返し〈年齢の確認〉）**＋クローズド質問で子どもが既婚かどうかを訊く**

佐藤：2人とも結婚して、もうどちらも子供がいますよ。

担当者：お孫さんの人数と年齢も教えていただけますか

▼**定量化する**（オープン質問で孫の人数と年齢を訊く）

佐藤：孫は2人ずつで長男の方が男女で12歳、10歳、長女のほうは女男で8歳、6歳だったかな。

担当者：ところで、お子さまは皆さんお近くにいらっしゃるのでしょうか？

▼**転換のあいづち**（「ところで」）**＋具体化する**（クローズド質問でお子さまの居住地を訊く）

佐藤：長男は転勤のある仕事で正月しか帰ってきませんよ。今は家族を連れて遠くに行っていますけど、上の子が高校生になったら単身赴任になるんじゃないですかね。

**担当者**：そうなのですか。お嬢さまのほうはどうなのでしょうか？

**▼具体化する**（オープン質問で長女の居住地を訊く）

**佐藤**　：長女の方は、市役所の職員と結婚して、4年前に隣の桜が丘に家を購入して住んでいますよ。

**担当者**：4年前にお隣の桜が丘に家を購入されたのですか？　桜が丘でしたらお孫さん達も遊びにこられるのですか？

**▼オウム返し**（「4年前に桜が丘に家を購入」）**で再確認する**

**佐藤**　：娘も仕事に復帰したので、孫たちは学校が終わるとバスでうちに来るんですよ。晩ご飯を一緒に食べるようになったから、女房は大変だって文句を言いますけど、作り甲斐があるみたいで、楽しみにしているみたいですよ。

**担当者**：お孫さんたちと一緒ですと晩ご飯も賑やかで楽しいでしょうね。奥さまがお料理を作っている間は、佐藤さまがお孫さん達のお相手をしていらっしゃるのですか？

**▼共感のあいづち**（「楽しいでしょうね」）

**佐藤**　：そうですよ。下の子も小学校に上がって、男の子だからもう元気でね、力が有り余っちゃってるから毎日公園でキャッチボールに付き合わされていますよ。

**担当者**：お孫さんも喜ばれるでしょうね。

**▼共感のあいづち**（「喜ばれるでしょうね」）

**佐藤**：それは可愛いものですよ。小さいのに一生懸命でね。少しずつ上手くなってくるのがわかって成長を感じますね。最近じゃあ、こっちのほうがくたばってしまって、かえって寝つきが良くなりましたよ。

**担当者**：佐藤さまの健康にも良いですね。

## ヒアリングのポイント

**家族構成を訊く場合には、お客さまの承諾を得たうえで、簡単な家系図を作成しながら訊くようにします。** 家系図を作成することでお客さまの頭の中も整理されますし、お孫さんの人数や年齢等も漏れなく確認することができます。

この事例でも、佐藤さんと一緒に家系図を作成することで2人のお子さまと4人のお孫さんがいらっしゃることを確認し、それぞれの年齢も把握しています。

**家族についての情報は、同居している家族についてだけでは不十分です。独立して別のところに住んでいる子供さんや、その子供さん（お孫さん）についても漏れなく話を伺いましょう。**

佐藤さんの場合、長男は転勤で遠くの勤務地におり、近々単身赴任の可能性があるようです。長女は4年前に隣の桜が丘に家を購入し、毎日2人のお孫さんが来ていることもわかりました。佐藤さんは下のお孫さんとキャッチボールをすることが楽しみになっているようです。

このように、**別居しているご家族についても、いまどのような交流があるのか、将来は同居の可能性があるのか、といったことまでお話を伺うようにしましょう。**

なお、年配のお客さまの場合、一般的にはお孫さんの話は喜びますし、いろいろな話をしていただけて、そこから多くの情報やニーズをつかむことができます。しかし、中には、子供さん夫婦との折り合いが悪く、なかなかお孫さんに会わせてもらえないという方もいらっしゃいます。そうした方の場合、お孫さんの話がお客さまの気分を落ち込ませる可能性もありますから、十分な配慮が必要です。

## ❹へ（ヘルス・Health）
### …健康状態など

「ハウス」「ヒストリー」に次いで、「ファミリー」で佐藤さまの家族構成とお子さまたちとの関わりについて確認することができました。続けてヘルス、健康状態について訊いてみます。ただし、健康状態はセンシティブな内容になりますので、お客さまに失礼のないよう、お伺いすることの承諾を取ったうえで慎重に話を訊くことを心掛けましょう。

**担当者**：話は全然変わりますが、失礼でなければ、佐藤さまの健康状態についてお伺いしてもよろしいでしょうか？

**▼転換のあいづち**（「話は変わりますが」）**＋具体化する**（オープン質問で健康状態を訊く）

**佐藤**：健康ですか。まあ普通に生活はしていますけど、この歳になればあちこちガタが来ますよ。

**担当者**：そうですか。日に焼けていて、とてもお元気そうにお見受けしますけど。

**▼お客さまの様子**（日に焼けている）**を観察しての質問**（健康状態を訊く）

**佐藤**：これは、毎日孫とキャッチボールをしているうちに焼けてしまったんです。ゴルフだけじゃあこんなになりませんよ。そういう意味では孫に健康にしてもらっているのかもしれませんね。

**担当者**：キャッチボールは、いい運動になりますよね。でも、何かお薬とかも飲まれていらっしゃるのでしょうか？

**▼オウム返し**（キャッチボール）**＋具体化する**（オープン質問で飲んでいる薬を聞く）

**佐藤**：薬はたくさん飲んでいますよ。もう歳ですから、糖尿病、高血圧、痛風に加えて、最近は神経痛が出てきて大変ですよ。

**担当者**：いろいろありますね。やはりお勤めの頃の生活が影響しているのでしょうか？

**▼共感のあいづち**（「いろいろありますね」）**＋過去について訊く**

佐藤：そうでしょうね。健康のこととか考えずに遅くまで飲んで食べて、最後は必ず締めのラーメンっていう生活を何十年と続けてきましたから、体にいいわけないですよね。

担当者：そうですね。でもそれが普通だったんですよね。

▼**同意のあいづち**（「そうですね」）**＋共感のあいづち**（普通だったんですよね）

佐藤：まあ、飲んだ後のラーメンがおいしいんだよね。

担当者：よくわかります。いろいろとお薬は飲まれているようですが、これまでに大きな病気とかはなかったのでしょうか？

▼**共感のあいづち**（「わかります」）**＋具体化する**（クローズド質問で病気について訊く）

佐藤：病気というのではないですが、昔は今の倍くらいの体重があって健康診断で内臓の数値が悪くて、このまま放っておくと死ぬからと言って強制的に3か月間入院させられましたよ。食べ物と運動を徹底的に管理され、退院した時には別人みたいになっていて、仕事復帰したら驚かれましたね。

**担当者**：そうなのですね。でも、その入院で体重も減って健康状態が良くなられたのでしたら、かえってよかったですね。

## ヒアリングのポイント

高齢のお客さまは病気自慢のように健康状態について多く話してくださることが多くあります。お客さまご自身から話してくださる場合はよいのですが、**病気の状況を深堀りして聞くことはお客さまとの関係性ができ上がるまではなるべく控える**ようにしましょう。

佐藤さんは、お孫さんとのキャッチボールで日に焼け、健康そうに見えるものの、年齢相応に糖尿病、高血圧、痛風、神経痛と持病も多く、たくさんの薬を服用しているようです。会社勤めの頃には連日の暴飲暴食が祟り、3か月の入院をしたこともわかりました。

お客さま、特にご高齢のお客さまにとっての大きな不安の一つは、健康についてです。平均寿命が大きく延びて来ている中、健康寿命をいかに延ばしていくかが課題となっています。ライフプランを考える際にも、健康状態を確認することで、将来的に介護や施設への入所、あるいは入院等に対して備えておくことも必要になってくるかもしれません。

訊きにくいことではありますが、健康状態はお客さま固有のものですから、きちんと確認して将来への備えを万全にしておきましょう。

## ❺ほ（ホープ・Hope）
### …今後の生活設計・ライフプランなど

最後にホープ、つまりは今後の生活設計・ライフプランについてヒアリングします。ここで訊くことには、お客さま自身も気づいていないことが多くありますので、工夫しながら質問することが重要になります。

お客さまに、ご自身の「ああしたい」「こうしたい」、逆に「ああはなりたくない」「こうはなりたくない」といった普段意識していない想いに気づいていただくために、想いを引き出す質問をしていきます。

**担当者**：ところで佐藤さま、差し支えなければ今後のことについてお伺いさせていただいてもよろしいでしょうか？

**▼転換のあいづち（「ところで」）＋今後についてお伺いすることの承諾を得る**

**佐藤**：構わないけど、今後って言ってもね、この歳になると今更何もないけどね。

**担当者**：先程のお話ですと、リビングを含めてリフォームを考えていらっしゃるとのことでしたが…。

**▼具体化する**（オープン質問でリフォームについて訊く）

**佐藤**：ああ、それは真剣に考えないといけないと思っているんだ。リビングキッチンと手すりは最低限必要だな。

**担当者**：そうですね。お客さまの中にも、お子さまが家を出られてから、バリアフリーのリフォームをされる方が多くいらっしゃいます。リフォームローンを利用される方も結構多いですよ。

**▼同意のあいづち**（「そうですね」）**＋共通例を示す**（バリアフリーのリフォームをされる方が多い）

**佐藤**：やっぱり多いんだ。歳を取るとちょっとした段差でつまづくようになるからね。少しでも歩くようにして、運動しないといけないんだけどね。そうは言っても、このあたりは坂ばっかりで、どこに行くのも車だからさ、高齢者の車の暴走とか逆走のニュースを見ると、他人事とは思えなくて怖いよね。

**担当者**：怖いですよね。佐藤さまも毎日運転していらっしゃるのですか？

**▼共感のあいづち**（怖いですよね）**＋定量化**（クローズ質問で運転頻度を訊く）

**佐藤**：ほぼ毎日だね。一日に何度も乗ることもあるよ。家の周りは静かな住宅街で良いと思っていたけど、ちょっとした用事でも車がないとどこにも行けないからさ。

**担当者**：そうですね。車は必需品ですよね。それでも最近は、年配の方の運転免許返上が増えているようで、私の祖父も少し前に返上したんですよ。佐藤さまはお考えになったりしますか?

**▼同意のあいづち**(「そうですね」)**+自分自身や自分の家族の話**(「私の祖父も免許を返上した」)**を出したうえで、お客さまの考えを訊く**

**佐藤**:まあ、いずれ免許返上しないといけない時期が来るだろうから、その時に備えて、早めに施設とかに入ったほうがいいのかとか考えさせられるよ。貴方に聞かれるまであまり考えもしなかったけれど、そんな先の話じゃなくて免許返上も本気で考えないといけないね。施設も探してみないといけないし、今の家をどうするかも考えないといけないな。

**担当者**:とおっしゃいますと、ご自宅ついても何かお考えがあるのでしょうか?

**▼促進のあいづち**(「とおっしゃいますと」)**+具体化する**(オープン質問で自宅について訊く)

**佐藤**:いずれは長男に譲るつもりだが、あいつも何を考えているのかわからないからな。そもそも正月にしか帰ってこないし、帰って来るときは孫も一緒だから、大騒ぎでゆっくり話なんかしていられないよ。

**担当者**：わかる気がします。一度機会を作って息子さんともきちんとお話しされるほうがよろしいかと思いますよ。ちなみに、お嬢さまとはそういうお話はされていますか。

▼**共感のあいづち**（「わかる気がします」）**＋具体化する**（クローズ質問で長女との会話を訊く）

**佐藤**：女房は話しているのかもしれないけど、もう桜が丘に家を買っているし、そもそも女房が桜が丘に建売を見つけて来て、近所に住まわせようとせき立てたものだから、頭金はこっちで面倒みているんだよ。

**担当者**：それでは長女さまがこちらの家に移ることは考えられませんね。やっぱり長男さま、あるいはご長男さまのご家族に移ってもらうのが佐藤さまのご意向でしょうかね？

▼**整理のあいづち**（「それでは」）**＋具体化する**（クローズド質問で佐藤さまの意向を訊く）

**佐藤**：それが一番自然だろうし、そもそも上の孫が高校に進学したら、連れて回ることもできなくなるだろうからね。

**担当者**：それでしたら、尚更ご長男さまとは早くにお話しされたほうがよろしいのではないでしょうか？　それに失礼かとは思いますが、佐藤さまはご自身の相続について考えたことはございますか？

**▼整理のあいづち**（「それでしたら」）**＋具体化する**（クローズド質問で相続について訊く）

**佐藤**：相続ねえ、この歳だから考えないことはないけど、具体的に何か考えているわけではないね。でも、そろそろ具体的に考えておかないといけないんだろうな。

**担当者**：確かに施設に入ることや、ご自宅のこれからの扱いについても大切ですが、緑ケ丘は土地の値段も高いですから、相続税についても一度確認しておいたほうがよいかと思います。これまでに計算などされたことはございますか？

**▼整理のあいづち**（「確かに……も大切ですが」）**＋クローズド質問で相続税の計算をしたことがあるかを訊く**

**佐藤**：そこまではしていないね。

**担当者**：そうですね。私どものお客さまも最初はまだまだとおっしゃいますが、ご自身の現状に気づかれますと、早々に対策を始める方も多くいらっしゃいます。財産の総額がわかれば、早見表で簡単に税額の目安を知ることができる方法がありますが、ご関心はありますか？

**▼同意のあいづち**（「そうですね」）**＋共通例を示す**（「私どものお客様も皆さま」）**＋クローズド質問で相続税への関心について訊く**

**佐藤**：そりゃあ、簡単にわかるなら知っておいたほうがいいだろうね。

**担当者**：実際の相続税等の計算は税理士等の先生に確認していただく必要がありますが、こちらの相続税早見表を使えば、相続財産を法定相続分で相続をした場合の相続税額がどれくらいになるかの目安を簡易的に知ることができます。佐藤さまのお宅の不動産は、これも単純に路線価に坪数を賭けますと大体5000万円くらいになります。当行にお預けいただいております預金が2000万円と投資信託が1000万円で総額約8000万円です。

**▼具体的な数字を示す**

**佐藤**：結構な金額になるんだね。

**担当者**：そうですね。相続税を考える場合、佐藤さまの財産全体をお伺いする必要がありますが、よろしいでしょうか？

**▼同意のあいづち**（「そうですね」）**＋相続税を考えるには、財産全体を知る必要があることを話す＋クローズド質問で質問の可否を確認する**

**佐藤**：それは、そうなんだろうね。

**担当者**：差し支えない範囲で結構ですが、他行さまにお預けのご資金をお伺いしてもよろしいでしょうか？

**▼どこまで答えるかは、お客さまの自由であることを告げる**（「差し支えない範囲で結構ですが」）**＋定量化**（他行預金を訊く）

**佐藤**：まあ、△△信金に1000万円と郵便局に1000万円くらいかな。

**担当者**：そうしますと、先ほどの8000万円に合わせて2000万円でちょうど1億円くらいということでしょうか？

**▼整理のあいづち**（「そうしますと」）**＋オウム返し**（1億円くらい）**で確認する**

**佐藤**：まあ、そんなもんだろうね。

**担当者**：佐藤さまの財産の総額を1億円として、配偶者とお子さま2人が法定相続分で財産を分けたとしますと相続税は315万円になります。加えて、失礼ですが、奥さまが法定相続分の5000万円を相続したとして、その後二次相続が発生しますとお子さま2人で80万円、つまり、佐藤さまご夫妻の相続に際して合計で395万円の相続税がかかることになりますが、どう思われますか。

**▼具体的な数字を示す＋オープン質問で相続税についての考えを訊く**

**佐藤**：400万円近くかかるのか。相続税は他人事かと思っていたけど、400万円と聞くとちょっと何か考えないといけないね。

## ヒアリングのポイント

ここまで「は・ひ・ふ・へ」で確認してきた内容を前提に、さらにヒアリングを行い、お客さまの想いを整理して確認していきます。

先ほど、「は・ひ・ふ・へ・ほ」のヒアリング事例を挙げる前に、お客さまの想い（潜在ニーズ）を訊くために大切なこととして、二つのことを挙げました。一つは、お客さまの想いには、前向きなニーズ・願望だけではなく、不満・不安や心配を解消したいというニーズ・想いもあるということ。そしてもう一つは、お客さまの想いは一つではないということ。お客さまは「ああしたい」「こうはなりたくない」といくつもの想いをお持ちだということです。

本Chapterの⑧で確認したとおり、お客さまは将来のイメージを持つことで〝気づき〟を得ることができるようになります。そのためにここでは、ヒアリング内容を踏まえて**将来の計画について質問し、また早見表を利用して具体的な数字を示すことで相続に関する質問をしています**。

佐藤さんはそもそもリフォームをしたいという顕在ニーズをお持ちです。リフォームの理由を確認すると、孫たちが大きくなり、リビングが手狭になってきたという不満と、ちょっとした段差でつまづいて怪我をするかもしれないという不安があるようです。

そうした不満・不安の解消が佐藤さんのリフォームニーズの背景にあるわけで、これこそが佐藤さんの潜在ニーズだと言えるでしょう。**ヒアリングでは、単に「リフォームを考えている」というだけでなく、そうした背景にある不満・不安までしっかり訊き出さなくてはなりません。**

佐藤さんの「高齢者による車の暴走や逆走のニュースを見ると怖くなる」という話から、担当者は、自分の祖父の例を出して、運転免許証の返上の話を出し、その予定はあるか質問しています。自宅のある地域は坂が多く、車がないと不便のため、免許証を返上すると施設への入居も考えなくてはならなくなると佐藤さんは言っており、そうなった場合、自宅をどうするのか早急に検討しなければならないことを佐藤さんに気づいていただくことができました。

また、担当者はここでさらに、相続についての考えも質問しています。「相続についてお考えになったことはありますか」といった質問をすると、お客さまからは多くの場合、「とくに考えていない」という答えが返ってきます。これに対しては、**「どのくらい相続税がかかるかお知りになりたくありませんか」と訊いてみましょう。**おそらくは「知りたい」という答えが返ってきますから、家族構成と財産の総額がわかれば相続税早見表で簡単に相続税額の概算が把握できることをお伝えし、他の金融機関に預けている資産についても、情報収集につなげるようにします。

# 10 質問から「お客さま本位の提案」へ

前項では、「は・ひ・ふ・へ・ほ」でお客さまの現状やニーズ、想いを聞き出すヒアリングのポイントを、具体的な会話例をもとに見てきました。

こうしてお客さまの現状やニーズ、想いをヒアリングできたら、今度は把握したニーズや想いをどうすれば実現できるのか、その提案を行うことになります。

以下では、ヒアリングした情報をもとに、お客さまのニーズや想いを実現する、「お客さま本位の提案」を行うためのポイントを挙げておきたいと思います。

## ❶「情報を収集→仮説を立てる→解決策を考える→提案する」のサイクルを回す

「は・ひ・ふ・へ・ほ」で訊き、整理した情報をヒントに仮説を立て、ニーズ・想いを想定し、ライフプランをお客さまと共有できれば、提案すべき解決策は見当違いのものにはならないはずです。

提案する商品・サービスがすべてお客さまに受け入れられるわけではありませんが、お客さまと共有したニーズ・想い、ライフプランを実現するための提案であれば、何度でも新たな提案が可能になります。また、一度確認したお客さまのライフプランも、時間と共に変わってきます。**コンサルティングは一度限りというものではなく、定期的なアフターフォローを行い、刻々と変わるお客さまの状況をお伺いして、提案内容も実情に合わせて修正してくことが重要**となってきます。

このように常にお客さま起点で、お客さまに寄り添い、話を聞くことで定期的にこのサイクルを回し、提案を行っていくことがお客さま本位のコンサルティングになるのです。

また、他行情報を訊くことができないという話をよく聞きますが、お客さまのライフプランを共有し、コンサルティングを行うためには他行情報が必要であることをお客さまにご理解いただければ、むしろ積極的に正確な情報を提供してくださるはずです。特に相続等について考える際には、財産の総額や内訳、家族構成等を前提にいろ

## お客さま起点でコンサルティングのサイクルを回す

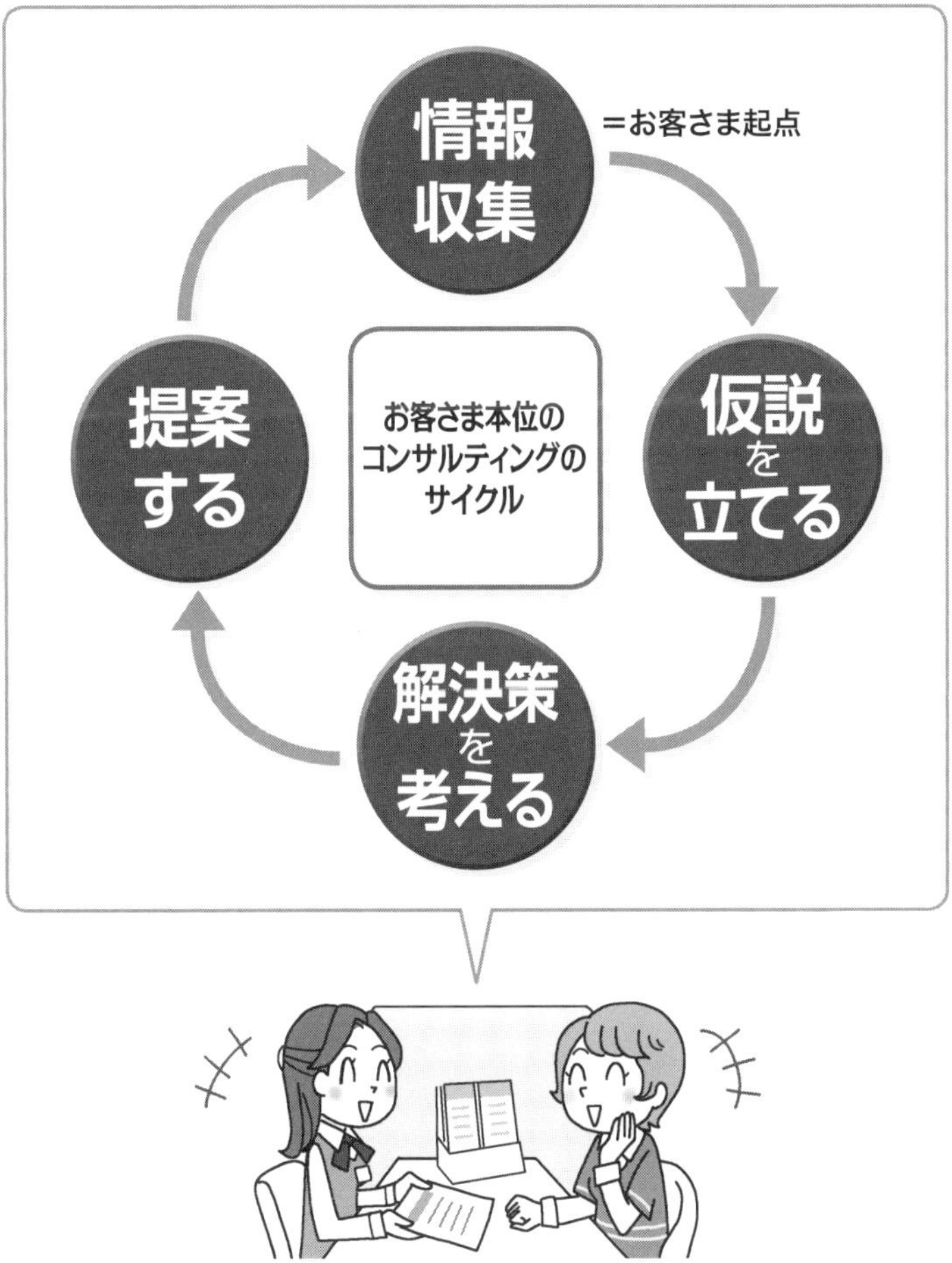

いろな試算が必要になりますので他行情報は必須です。

このように、**コンサルティングを進め、お客さま起点で話ができるようになれば、他行との取引情報を含めた資産状況は、必然的に聞き出すことができるようになるはずです。**

お客さまは、ご自身のライフプランを一緒になって真剣に考え、情報提供してくれる担当者に信頼を寄せてくれます。そして信頼できる担当者には、自身の情報をオープンにし、資金を預け、共有したライフプランの実現に向けて行動を起こすようになるのです。

## ❷お客さまの本当のニーズを叶える解決策を考える

一般的なライフイベント表を見ると、定年退職後は子どもや孫のイベントに付随した内容しか記載されていないことが多いようです。これまで考えられてきたライフプランモデルでは、退職以降は旅行をしたり、趣味を満喫して余生を過ごすことが標準的と考えられてきました。しかし、平均寿命が延びるに伴い、この期間の時間軸も大きく引き延ばされてきています。この時間の過ごし方も多様化し、アクティブに活動するシニアや時間を持て余すシニア、また生活に余裕のあるシニアや汲々としたシニアなど、一般論で括りにくくなってきています。

人生100年時代を迎えた今、退職以降の人生は40年近くに及ぶことになり、お客さまはご自身のライフイベントに対して数多くの判断を下し、実行していかなければなりません。

例えば、前項の「は・ひ・ふ・へ・ほ」のヒアリング例で取り上げた佐藤さまの場合、孫たちが毎日遊びに来るのにリビングが狭いという不満、家の中でつまずいて怪我をしてしまうかもしれないという不安、すぐにでもリフォームをしたいという想い、毎日の自動車運転に対する不安、運転免許証を返上した際には施設に入らざるを得ないという想い、いずれ自宅は長男に住まわせたいという想い、相続税額が思った以上にかかるという心配など、たくさんのニーズ・想いをお持ちであることが、ヒアリングによって明らかになりました。そこからは、これらにどう優先順位を付けて、何を実行していくのかを判断していかなければなりません。

ライフイベントは個別に単独で発生するのではなく、各イベントそれぞれが複雑に絡み合っています。このため、**ライフイベント表に各イベントの発生時期等を当てはめて時間軸で考えてみることが重要です。イベントの発生時期が明確になると、優先順位やイベントごとの関係性が見えてきます。**

例えば、リフォームをしたいが、近々施設に入所せざるを得なくなる可能性があるという想いがあれば、居住期間に合わせてリフォームの規模や範囲を検討しなければならないことがわかります。長男家族が自宅に住むようになるのであれば、二世帯住宅にするなどリフォームの形も変わってくるかもしれません。二世帯住宅で長男家族と同居するのであれば施設の入所も不要になるかもしれません。

また、施設に入所することになりそうだが、子どもたちにも資産を遺してやりたいという想いがあれば、入所費用や継続費用等を差し引いても資産を遺すことができるのか総合的に判断する必要が出てきます。

**想定されるライフイベントを時間軸で整理して優先順位を考え、それぞれの関係性を具体的に明示する**ことが有効となります。

## ❸具体的なアプローチ方法を考える

お客さまの多くは、どんなに有効な提案をしても、また多くの金融資産を保有されていても、「怖いから何もしなくていいです」となかなか聞く耳を持ってくれません。それは、今後いろいろなライフイベントの発生が想定される中で、一つひとつのライフイベントに費やすことができるお金の配分がわからず、お金を使うことそのものが怖いと感じてしまうからです。

コンサルティングを行う際に、私たちは概ね一般論で話をしますが、なかなかお客さまの気持ちを掴むことができません。ヒアリング例で見た佐藤さんについて言えば、ご本人はまだ70歳、奥さまが67歳ということですから、人生100年時代においては、まだ30年近い人生が残されています。そこで佐藤さんにとって一番優先されることは、その30年をどのように生活していくかということだと思います。**この優先順位を考えずに、相続対策は早くに始めたほうが有利だということを一生懸命説明し、訴えても、佐藤さんの心には響きません。**

佐藤さんの場合、リフォームにかかる費用がどれくらいなのか、施設に入るとすれ

**ヒアリングから適切な商品・サービスの提案へ**

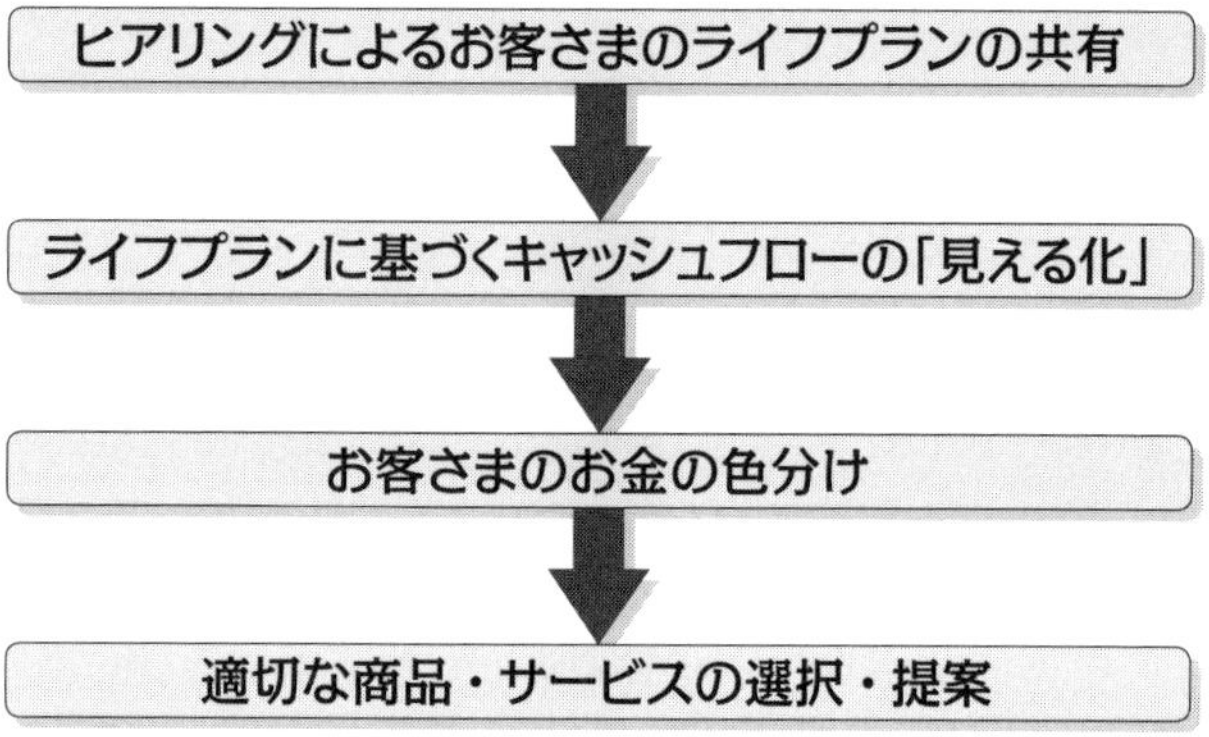


ばどれくらいの費用がかかってくるのか、収入と支出を計算し、キャッシュフロー表を作成することで、ご自身が使える金額を「見える化」し、明確にすることが必要となってきます。そうすれば、お子さんに遺してあげる金額も自ずと算出することができるようになってくるのです。

　具体的なアプローチを考える際には、想定されるライフイベントの概算費用を試算することが有効になります。一つひとつのライフイベントの概算費用を明確にし、お客さまのライフプランに基づくキャッシュフローを「見える化」することが、行動に移すか否かの判断材料となるのです。ライフプランに基づくキャッシュフローを「見える化」すれば、①今すぐ使えるお金、②将来使うお金、③使わない（遺す）お金等といった、お金の色分けができるようになってきます。

**私たちは、ヒアリングによりお客さまのライフプランを共有し、ライフプランに基づくキャッシュフローを「見える化」して、お金の色分けをすることで、初めて適切な商品・サービスを選択・提案することが可能となるのです。**

**櫻井 弘**(さくらい・ひろし)

株式会社櫻井弘話し方研究所代表、株式会社話し方研究所顧問
東京都港区生まれ。金融、サービス、IT 関連等の民間企業をはじめ、人事院、各省庁、自治大学校、JMAなどの官公庁、各種団体等で主としてコミュニケーションに関する研修・講演を手がけている。クライアント数は1000以上におよぶ。近著に『人を「巻き込む」コミュニケーション技術』(日本経済新聞出版社)、『ちょっと言いかえるだけ! 気のきいた「話し方」ができる本』(三笠書房)などがある。
<本書の執筆項目=Chapter 2、Chapter 3([2]〜[8])>

**三田村 宗治**(みたむら・むねはる)

三井住友海上プライマリー生命保険株式会社 西日本営業支援部長
東京都大田区生まれ。山一證券、しんきん情報システムセンター、メリルリンチ日本証券、ケルヒャージャパンを経て現職へ。代理店営業マネージャー、お客さまコールセンター・相談室、代理店研修部門を歴任。金融ＡＤＲの法制化や保険業法改正、顧客本位の業務運営への対応など、金融機関での保険販売体制整備を支援する各種研修コンテンツ(正しい保険募集研修、ヒアリングスキル研修等)の企画・運営に携わってきた。
<本書の執筆項目=はじめに、Chapter 1、Chapter 3([1]、[9]、[10])>

お客さま本位のコンサルティングを実現する
**「聞く技術」**

---

2019年1月29日　初版発行

著　者——櫻井　弘　　三田村 宗治
発行者——楠 真一郎
発行所——株式会社 近代セールス社
〒164-8640　東京都中野区中央1-13-9
電話:03-3366-5701　FAX:03-3366-2706

装丁・ＤＴＰ—井上　亮　　イラスト——ホシノユミコ
編　集———飛田浩康　　印刷・製本——三松堂株式会社

---


ISBN978-4-7650-2129-6